Impressum
Verlag: BABADADA GmbH, Nedderfeld 112 , 22529 Hamburg
Geschäftsführer / Verlagsleitung: Harald Hof
Druck: Books on Demand GmbH, In de Tarpen 42, 22848 Norderstedt

Imprint
Publisher: BABADADA GmbH, Nedderfeld 112 , 22529 Hamburg, Germany
Managing Director / Publishing direction: Harald Hof
Print: Books on Demand GmbH, In de Tarpen 42, 22848 Norderstedt

school

xikolo

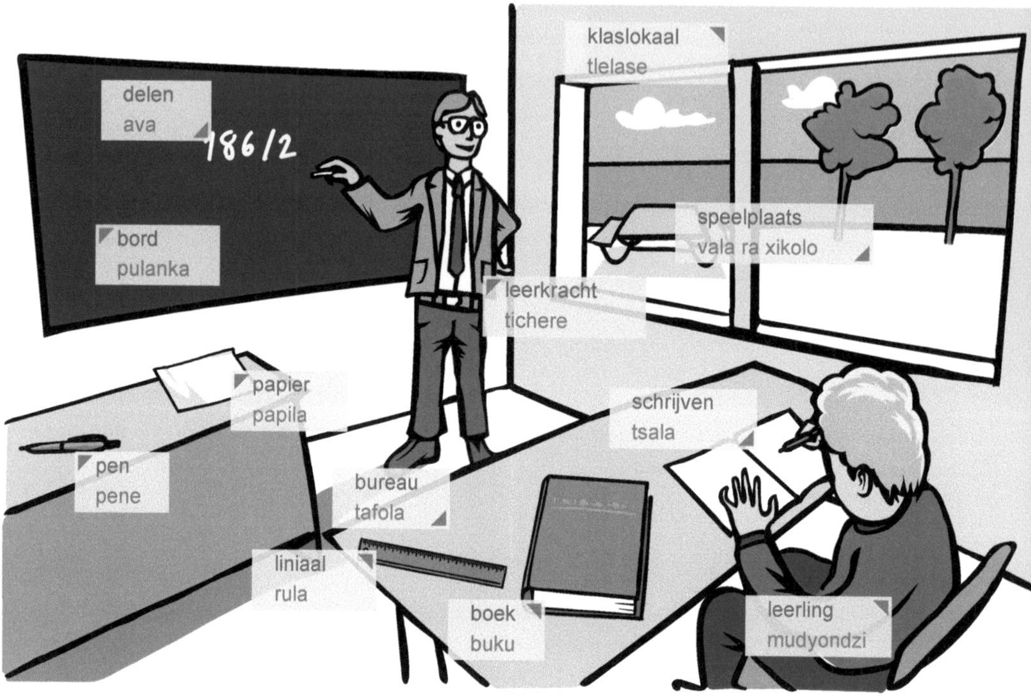
klaslokaal
tlelase
delen
ava
186/2
bord
pulanka
speelplaats
vala ra xikolo
leerkracht
tichere
papier
papila
schrijven
tsala
pen
pene
bureau
tafola
liniaal
rula
boek
buku
leerling
mudyondzi

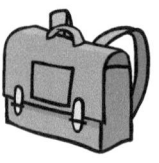

schooltas

xinkwamana

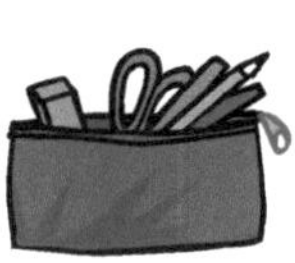

pennenzak

bokisi ra tipensele

potlood

pensele

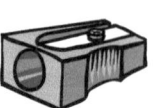

puntenslijper

muchini wo vatla tipensele

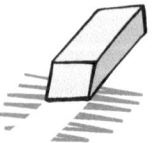

gom

rhaba

tekenblok

papilo ro dirowa

tekening

xifaniso lexi diroweke

verfborstel

burachi ro penda

verfdoos

bokisi ro penda

schaar

xikero

lijm

xidamarheti

werkboek

buku ya xikolo

huiswerk

ntirho wa le kaya

nummer

nombhoro

optellen

engeta

aftrekken

susa

vermenigvuldigen

andzisa

rekenen

hlaya

letter

letere

alfabet

maletere

woord

rito

tekst

rungula

Lezen

hlaya

krijt

choko

les

dyondzo

klassenboek

tsarisa

examen

xikambelo

certificaat

xitifiketi

schooluniform

swiambalo swa xikolo

onderwijs

dyondzo

encyclopedie

nsonga-vutivi

universiteit

univhesiti

microscoop

makhiriskopu

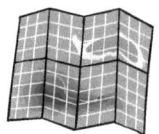

kaart

mepe

papiermand

xikotela xo lahla maphepha

reis
kufamba

hotel
hotele
jeugdherberg
hositele
ROOMS
wisselkantoor
ndhawu yo cinca mali
koffer
putumendhe
auto
movha

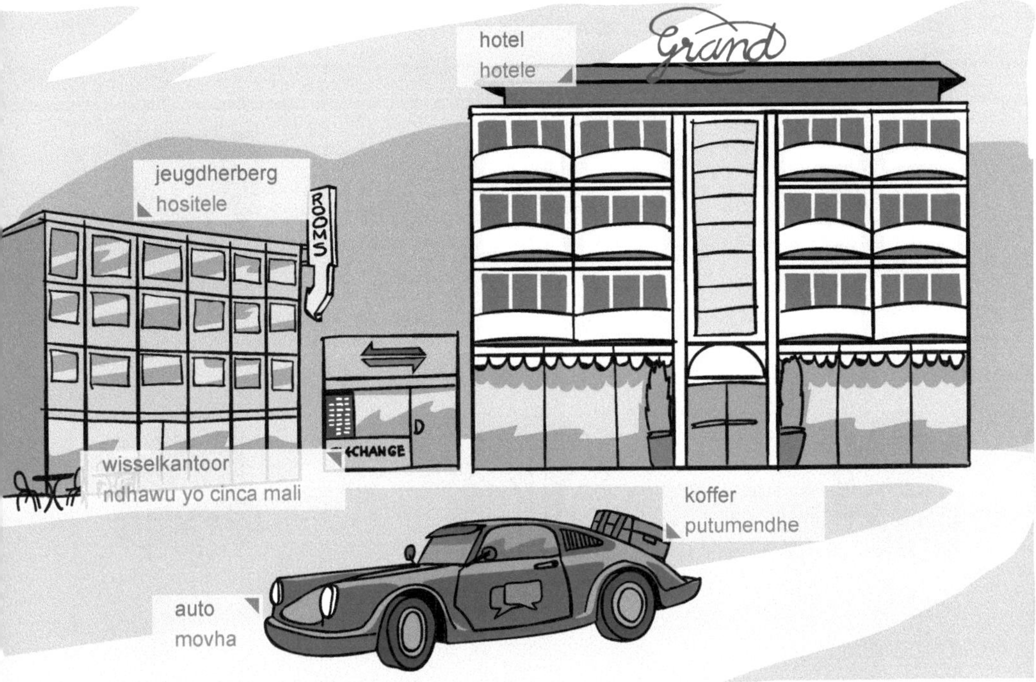

Taal

ririmi

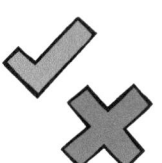

ja / nee

ina / e-e

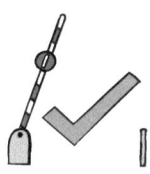

oké

Swikahle

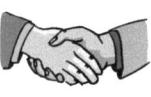

hallo

ahe

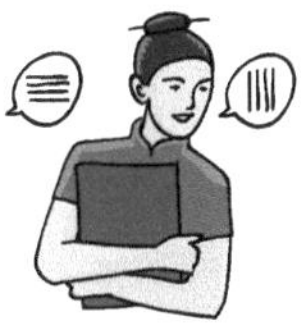

vertaler

muhundzuluxeri

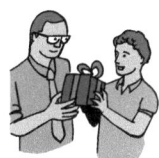

bedankt

Ndza khensa

Hoeveel kost …?

ivungani…?

Ik begrijp het niet

Andzi twisisi

probleem

nkinga

Goedenavond!

Riperile!

Goedemorgen!

Maxelo ya kahle!

Goedenavond!

Vusiku bya kahle!

Tot ziens

sala kahle

richting

nkongomiso

bagage

mindzhwalo

zak

nkwama

rugzak

nkwama

gast

muendzi

kamer

kamara

slaapzak

nkwama wo etlela

tent

tende

toeristeninformatie

vuxokoxoko bya vaendzi

strand

ribuwa

kredietkaart

khadi ra xikweleti

ontbijt

xifihlulo

lunch

swakudya swa ninhlekani

avondeten

swakudya swa nimadyambu

ticket

thikithi

lift

kheshe

postzegel

xitempe

grens

ndzilakana

douane

mikhuva

ambassade

hovisi ya vuyimeri ya tiko

visum

visa

paspoort

pasi ro endza

reis - kufamba

7

transport
swilo swo famba

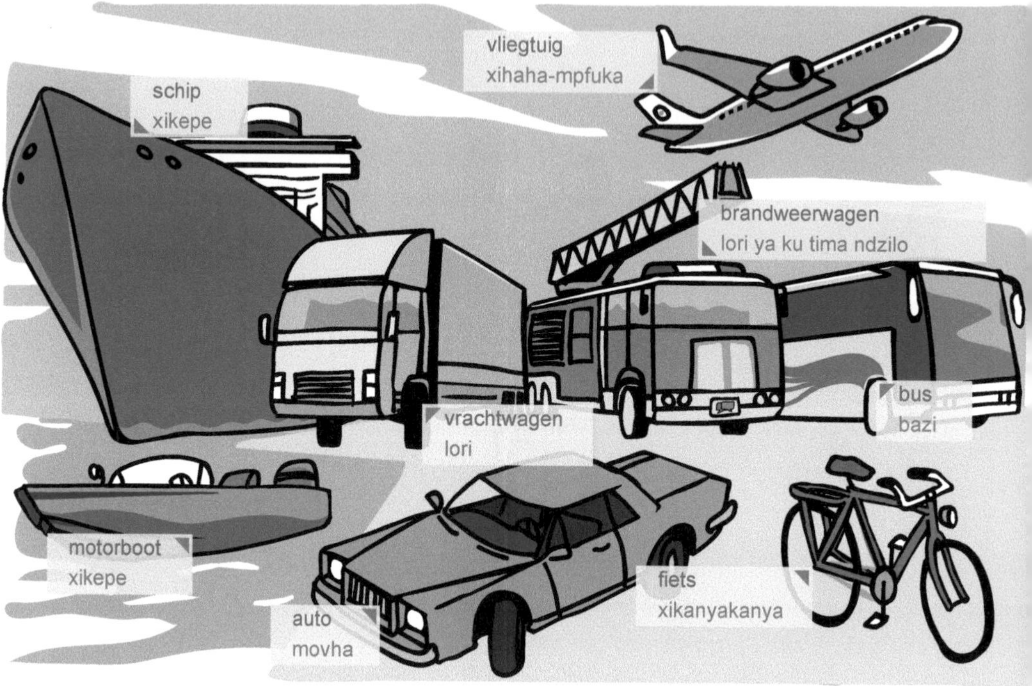
vliegtuig
xihaha-mpfuka
schip
xikepe
brandweerwagen
lori ya ku tima ndzilo
bus
bazi
vrachtwagen
lori
motorboot
xikepe
fiets
xikanyakanya
auto
movha

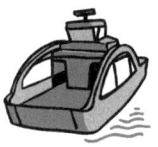

veerboot
xikepe

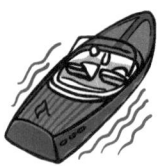

boot
xikepe

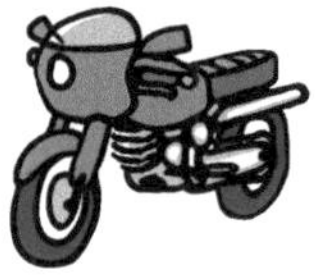

motor
xithuthuthu

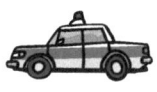

politiewagen
movha wa maphorisa

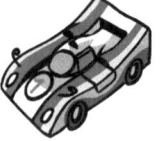

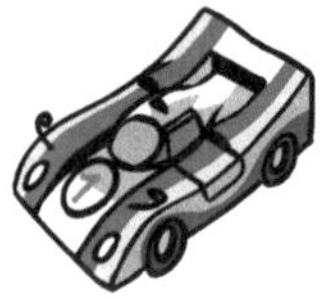

racewagen
movha wa mphikizano

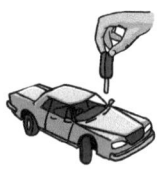

huurauto
movha yo lombiwa

carpoolen

ku avelana hi movha

sleepwagen

lori yo koka timovha

vuilniswagen

lori yo rhwala chaka

motor

njhini

benzine

mafurha

benzinestation

ndhawu yo xavisa petirolo

verkeersbord

mpfungo wa le patwini

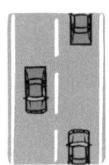

verkeer

mafambelo ya mimovha

file

ntlimbano wa timovha

parkeerplaats

phaki ya timovha

station

xitichi xa xitimela

sporen

mintila

trein

xitimela

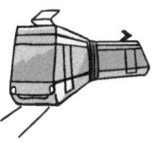

tram

banzi leri fambaka
exiporweni

wagon

kalichi

helikopter

xihaha-mpfuka-phatsa

luchthaven

rivala ra siwhaha-mpfuka

toren

xihondzo

passagier

mukhandziyi

container

bokisi

karton

bokisi

kar

kalichi

mand

xirhundzi

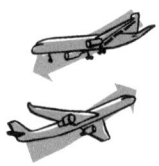

opstijgen / landen

suka / tshama

stad

doroba

dorp

muti

stadscentrum

nkava wa doroba

huis

yindlu

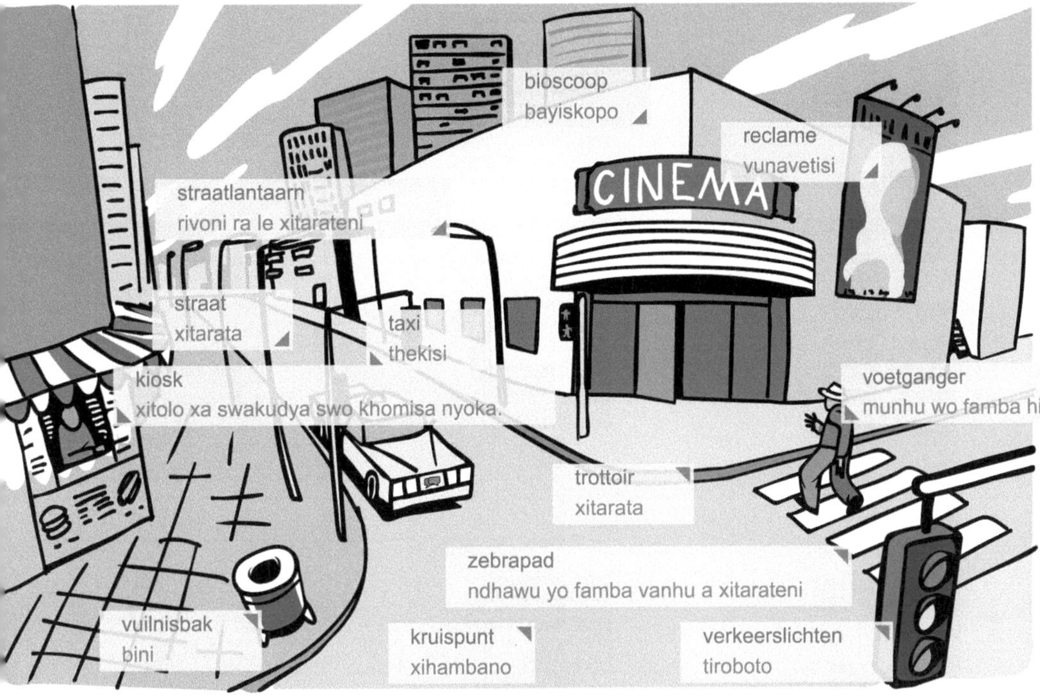

bioscoop
bayiskopo

reclame
vunavetisi

straatlantaarn
rivoni ra le xitarateni

CINEMA

straat
xitarata

taxi
thekisi

kiosk
xitolo xa swakudya swo khomisa nyoka.

voetganger
munhu wo famba hi

trottoir
xitarata

zebrapad
ndhawu yo famba vanhu a xitarateni

vuilnisbak
bini

kruispunt
xihambano

verkeerslichten
tiroboto

hut

xiyindlwana xa byanyi

woning

yindlu

station

xitichi xa xitimela

stadshuis

holo ya vanhu

museum

muziyamu

school

xikolo

universiteit

univhesiti

bank

bangi

ziekenhuis

xibedlhele

hotel

hotele

apotheek

xitolo xa miri

kantoor

hofisi

boekwinkel

xitolo xa tibuku

winkel

xitolo

bloemenwinkel

xitolo xa swiluva

supermarkt

xitolo le xikulu swinene

markt

makete

warenhuis

xitolo le xikulu

vishandelaar

xitolo xa tinhlampfi.

winkelcentrum

ndhawu ya switolo

haven

hlaluko

park

phaka

bank

bence

brug

buloho

trap

switepisi

metro

ehansi ka misava

tunnel

muhocho

bushalte

xitichi xa tibanzi

bar

barha

restaurant

rhesiturente

brievenbus

bokisi ra poso

straatnaambord

mfungho wa xitarata

parkeermeter

muchini wa mali ya ku phaka

zoo

ntanga wa swiharhi

zwembad

damu ro xambela

moskee

mosque

boerderij

purasi

milieuverontreiniging

nthyakiso

kerkhof

masirha

kerk

kereke

speelplaats

rivala ra mintlangu

tempel

tempele

landschap

ndhawu

blad
tluka

wegwijzer
mfungho wa gondzo

weg
ndlela

weide
byanyi byo tala

steen
ribye

boom
murhi

wandelaar
munhu wo khandziya tintshava

rivier
nambu

gras
byanyi

bloem
xiluva

vallei

nkova

heuvel

xitsunga

meer

tiva

bos

khwati

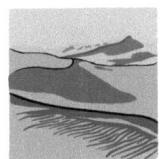

woestijn

mananga

vulkaan

volkheno

kasteel

ntsinda

regenboog

nkwangulatilo

paddenstoel

swikowa

palmboom

murhi wa nchindzu

mug

nsuna

vlieg

haha

mier

vusokoti

bijl

nyoxi

spin

puma

kever

xifufunhunu

kikker

chele

eekhoorn

maxindyana

egel

nhloni

haas

mfundla

uil

xikhova

vogel

xinyenyane

zwaan

sekwa

wild zwijn

ngluve ya nhova

hert

mhunti

eland

mhofu

dam

damu

windturbine

xipelupelu xa moya

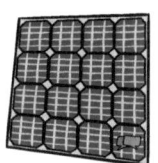

zonnepaneel

bodo leyi tswongaka kuhisa
ka dyambu

klimaat

maxelo

restaurant

rhesiturente

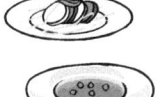

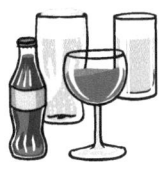

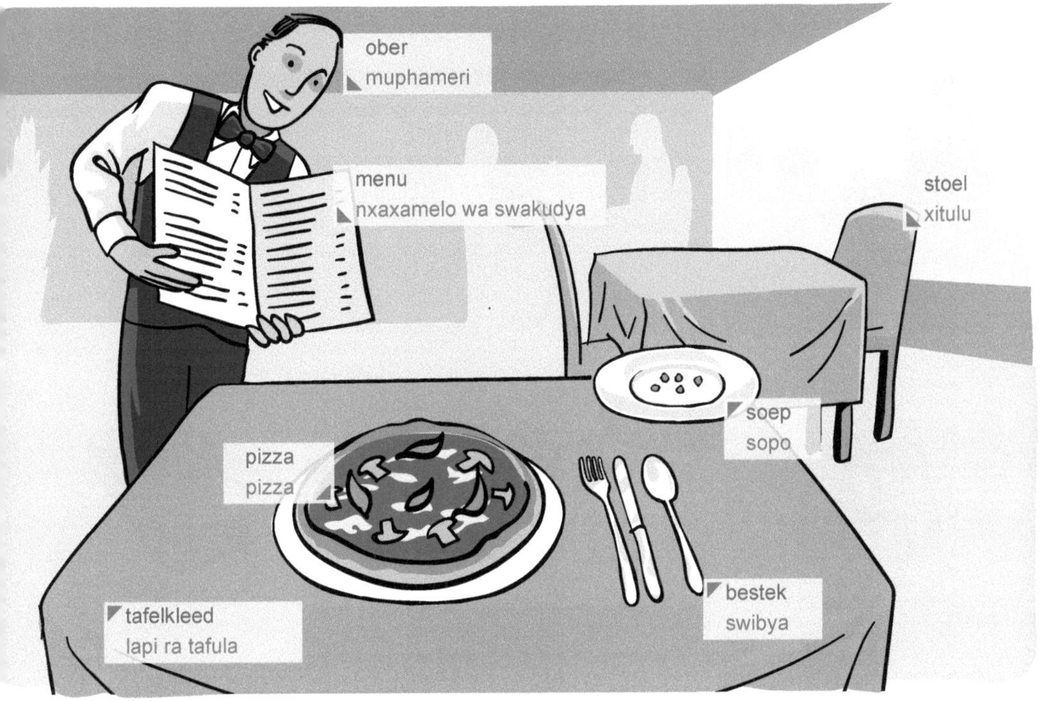
ober
muphameri
menu
nxaxamelo wa swakudya
stoel
xitulu
soep
sopo
pizza
pizza
bestek
swibya
tafelkleed
lapi ra tafula

voorgerecht

swakudya swa ku naveta

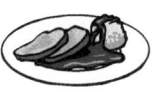

hoofdgerecht

swakudya

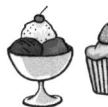

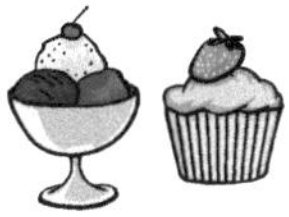

nagerecht

swo rhelerisa

drankjes

swakunwa

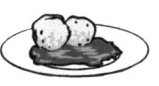

eten

swakudya

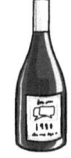

fles

bodlhela

fastfood

swakudya swa xihatla

street food

swakudya swa le ndleleni

theepot

mbita ya tiya

suikerpot

xibye xa chukela

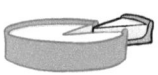

portie

xiphemu

espressomachine

muchini wa espresso

kinderstoel

xitulu xa le henhla

rekening

swikweleti

dienblad

thireyi

mes

mukwana

vork

foroko

lepel

lepula

theelepel

xilepulana

serviette

phepha ro sula nomu

glas

nghilazi

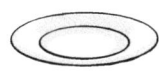

bord
pleti

soepbord
pleti ya sopo

schoteltje
sosara

saus
murhu

zoutvatje
xilo xo chele munyu

pepermolen
xilo xo gaya

azijn
vhiniga

olie
mafurha

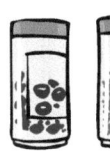

kruiden
swinyunyeteri

ketchup
ketchup

mosterd
mustard

mayonaise
mayonasi

supermarkt

xitolo le xikulu swinene

aanbieding
nyiko yo hlawuleka
FOR
klant
muxavi
zuivelproducten
ntsamba
fruit
mihandzu
winkelwagen
xikocikara

BUTCHERS

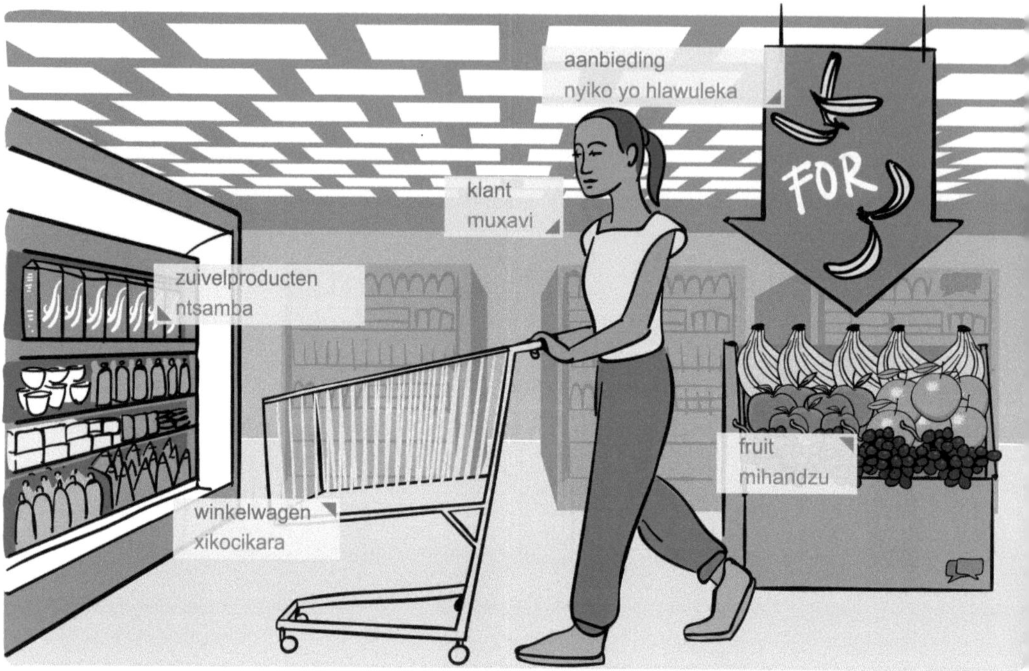

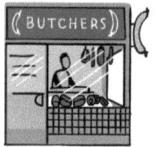

slagerij

buchara

BAKERY

bakkerij

bekari

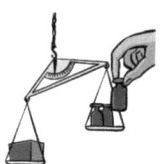

wegen

ringanyeta

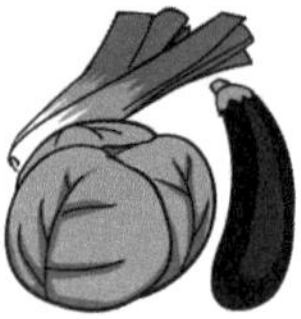

groenten

swimila

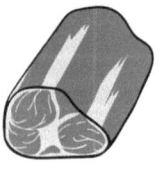

vlees

nyama

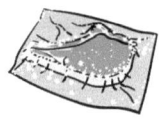

diepvriesvoedsel

swakudya swo titimela

charcuterie
nyama

conserven
swakudya leswi nga thinini

waspoeder
mapa yo hlanswa

snoep
malekere

huishoudproducten
switirhisiwa swa le ndlwini

schoonmaakproducten
swilo swo basisa

verkoopster
munhu wo xavisa

kassa
thili

kassier
muamukeli wa timali

boodschappenlijstje
nxaxamelo wa swo xaviwa

openingstijden
nkarhi wa ku tirha

portefeuille
nkwama wa mali

kredietkaart
khadi ra xikweleti

tas
nkwama

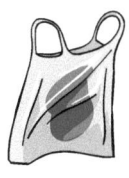

plastieken zakje
nkwama wa pulasitiki

water

mati

sap

ntsutsu

melk

meleke

cola

coke

wijn

vhinyo

bier

byalwa

alcohol

byala

cacao

cocoa

thee

tiya

koffie

kofi

espresso

espresso

cappuccino

cappuccino

banaan

banana

appel

apula

sinaasappel

lamula

meloen

kalabatla

citroen

swiri

wortel

kherotsi

knoflook

swinyalana

bamboe

musengele

ajuin

nyala

champignon

swikowa

noten

timanga

noodles

makaroni ya nyama

spaghetti

spaghetti

rijst

rhayisi

salade

saladi

frieten

machipisi

gebakken aardappelen

nhlata wo katingiwa

pizza

pizza

hamburger

hamburger

sandwich

xinkwa

kalfslapje

cutlet

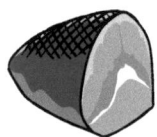

ham

ham

salami

salami

worst

soseji

kip

huku

braden

katinga

vis

hlampfi

havervlokken
oats

muesli
muesli

cornflakes
rivele-ndzoho

bloem
filawa

croissant
bantsi

pistolet
xinkwa

brood
xinkwa

toast
xinkwa xo oxiwa

koekjes
makokisi

boter
botere

kwark
ribomba ra tswamba

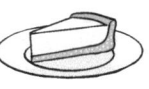

taart
khekhe

ei
tandza

spiegelei
matandza lama katingiweke

kaas
chizi

ijs

ayisi khrimi

suiker

chukela

honing

vulombe

confituur

jamu

choco

botere ya chokoleti

curry

curry

boerderij
purasi

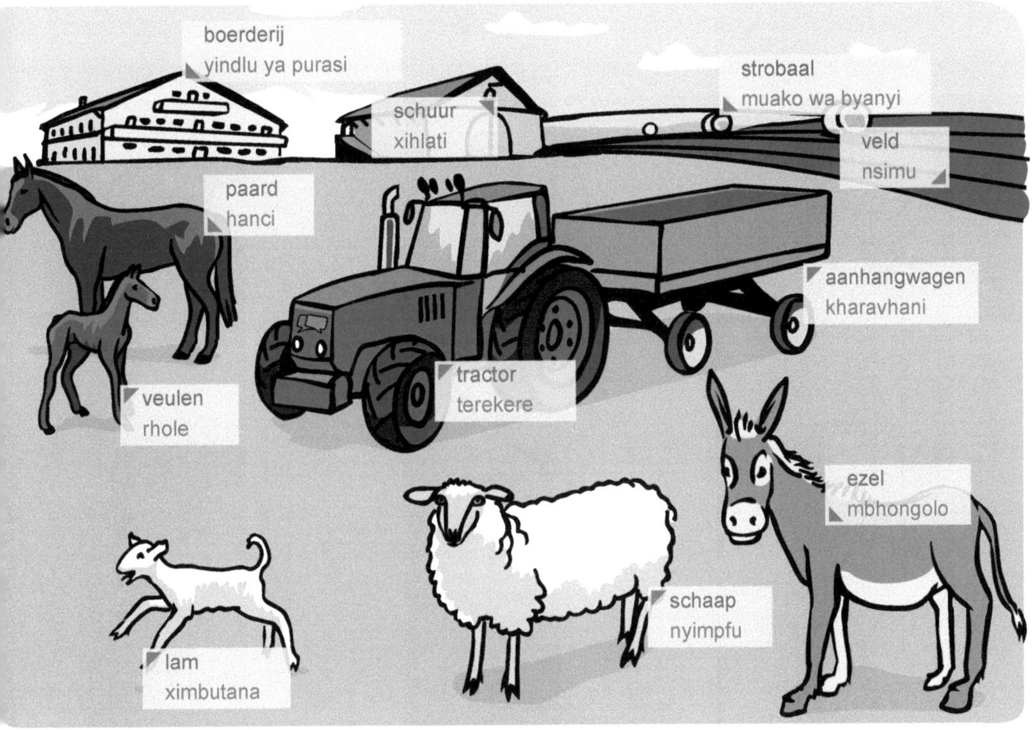

boerderij
yindlu ya purasi
schuur
xihlati
strobaal
muako wa byanyi
veld
nsimu
paard
hanci
aanhangwagen
kharavhani
tractor
terekere
veulen
rhole
ezel
mbhongolo
schaap
nyimpfu
lam
ximbutana

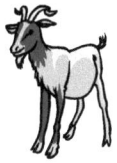

geit
mhunti

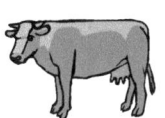

koe
homu

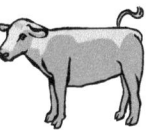

kalf
rhole

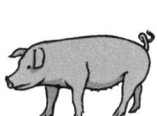

varken
nguluve

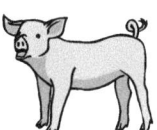

biggetje
xingulubyana

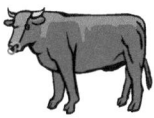

stier
nkuzi

gans

sekwa

eend

sweka

kuiken

xikukwana

kip

mbhaha

haan

nkuku

rat

kondlo

kat

ximanga

muis

kondlo

os

homu

hond

mbyana

hondenhok

yindlu ya mbyana

tuinslang

payipi ya mati

gieter

xilo xo chelela mati

zeis

nsimbi yo tsema

ploeg

xikomu

sikkel

sikele

schoffel

xikomu

hooivork

foroko le yikulu

bijl

xihloka

kruiwagen

bara

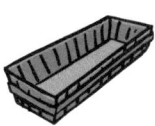

trog

xitsengele

melkkan

xilo xo chela ntswamba

zak

saka

hek

rirhangu

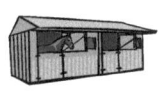

stal

xivala

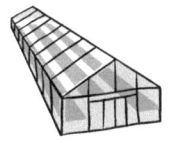

broeikas

yindlu ya vuhlayiselo bya
swimilana

bodem

misava

zaad

mbewu

mest

swinonisi

maaidorser

muchini wa ku tshovela

oogsten

tshovela

oogst

ntshovelo

yam

mintsumbula

tarwe

koroni

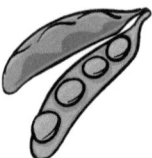

soja

tinyawa

aardappel

nhlata

maïs

koroni

koolzaad

rapeseed

fruitboom

nsinya wa mihandzu

maniok

ntsumbula

graan

swakudya swa tidzoho

huis
yindlu

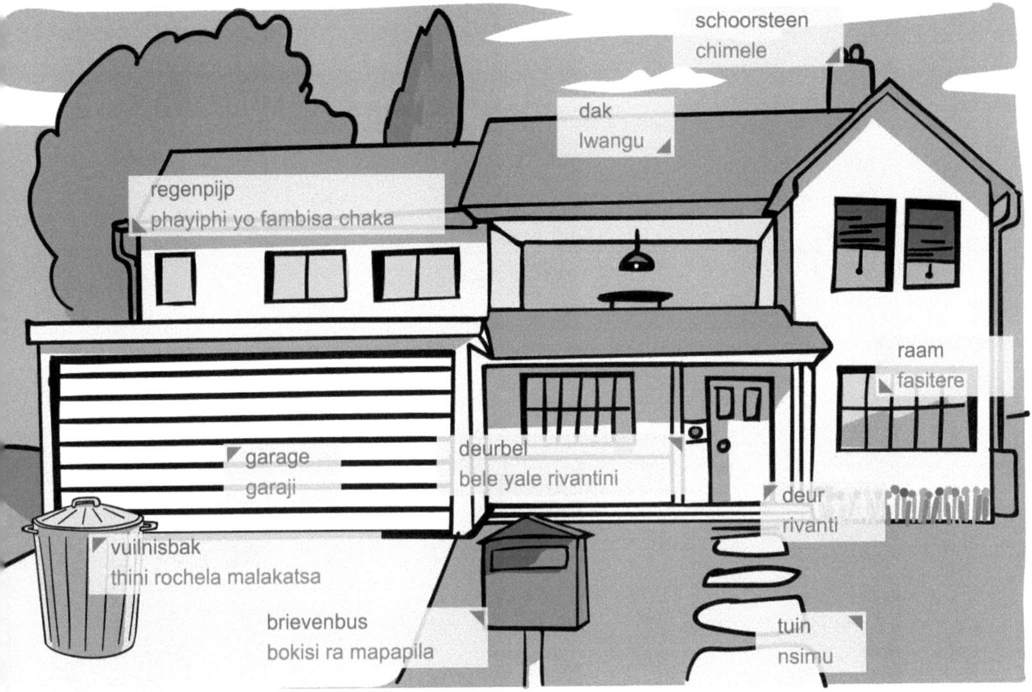
schoorsteen
chimele
dak
lwangu
regenpijp
phayiphi yo fambisa chaka
raam
fasitere
garage
garaji
deurbel
bele yale rivantini
deur
rivanti
vuilnisbak
thini rochela malakatsa
brievenbus
bokisi ra mapapila
tuin
nsimu

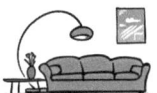

woonkamer

kamara ro tshama

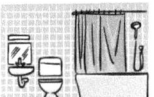

badkamer

kamara yo hlambela

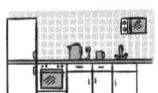

keuken

khishini

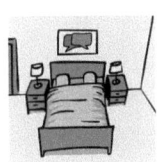

slaapkamer

kamera ro etlela

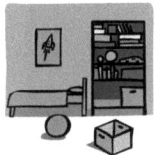

kinderkamer

kamana ya vana

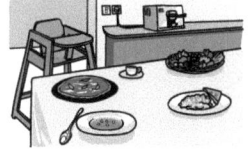

eetkamer

ndhawu yo dyela

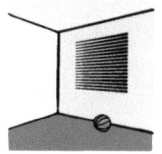

vloer

ehansi

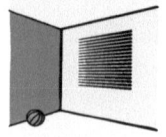

muur

khumbi

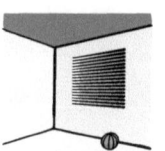

plafond

silingi

kelder

kamera ra le hansi

sauna

phungula

balkon

rikupakupa

terras

tshala

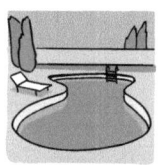

zwembad

damu

grasmaaier

muchini wo tsema byanyi

dekbedovertrek

nkumba

dekbed

swo andlalela mubedo

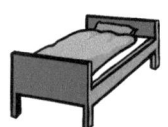

bed

mubedo

bezem

nkukulu

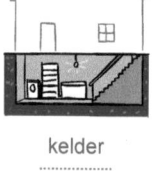

emmer

bakiti

schakelaar

swichi

woonkamer
kamara ro tshama

behangpapier
phepha ra le khumbini
foto
xifaniso
lamp
rivoni
schap
xelufu
kast
khabodo
televisie
thelevhixini
open haard
xitiko
bloem
xiluva
kussen
xikhengele
sofa
sofa
vaas
mbita
afstandsbediening
xilawula-kule

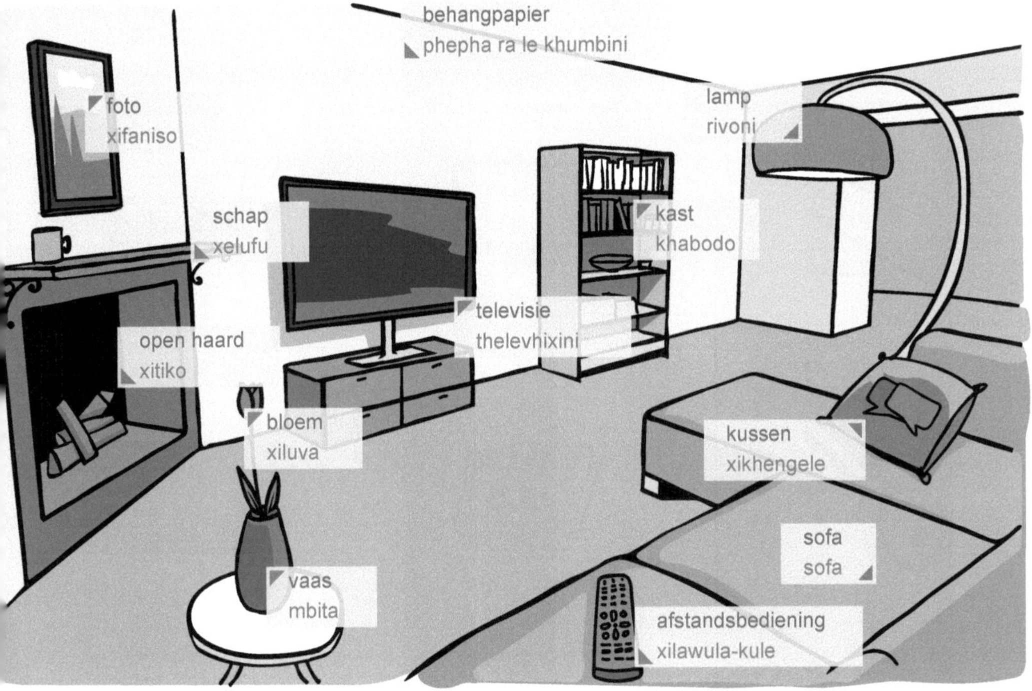

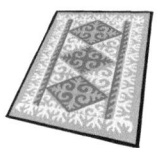

mat

khapete

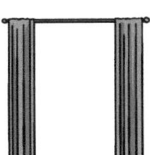

gordijn

khethenisi

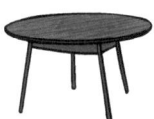

tafel

tafula

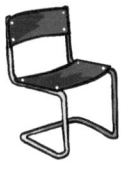

stoel

xitulu

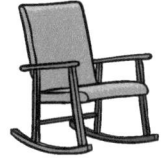

schommelstoel

xitulu xo mbuwetela

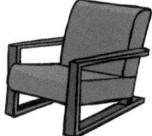

fauteuil

xitulu xo tlhandleka mavoko

boek

buku

deken

nkumba

decoratie

nkhaviso

brandhout

tihunyi

film

filimi

stereo-installatie

muchini wa hi-fi

sleutel

xinotlelo

krant

phepha-hungu

schilderij

xifaniso lexi vatliweke

poster

bodo ya xifaniso

radio

xiya-ni-moya

notitieboekje

buku yo tsala tinhla

stofzuiger

hoover

cactus

xiluva xa cactus

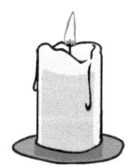

kaars

khandlela

keuken
khishini

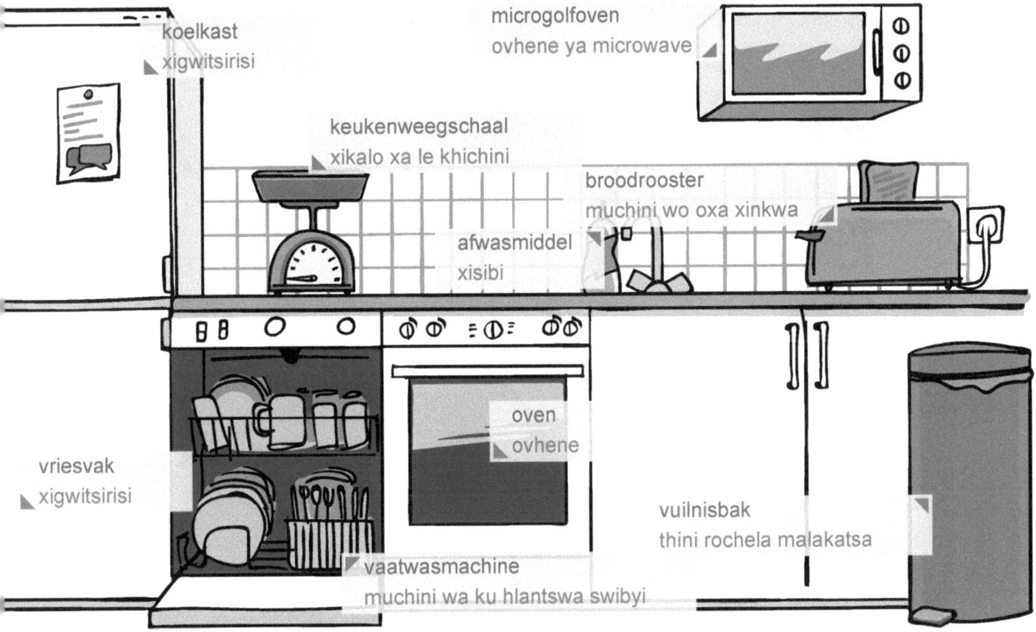

koelkast
xigwitsirisi
microgolfoven
ovhene ya microwave
keukenweegschaal
xikalo xa le khichini
broodrooster
muchini wo oxa xinkwa
afwasmiddel
xisibi
oven
ovhene
vriesvak
xigwitsirisi
vuilnisbak
thini rochela malakatsa
vaatwasmachine
muchini wa ku hlantswa swibyi

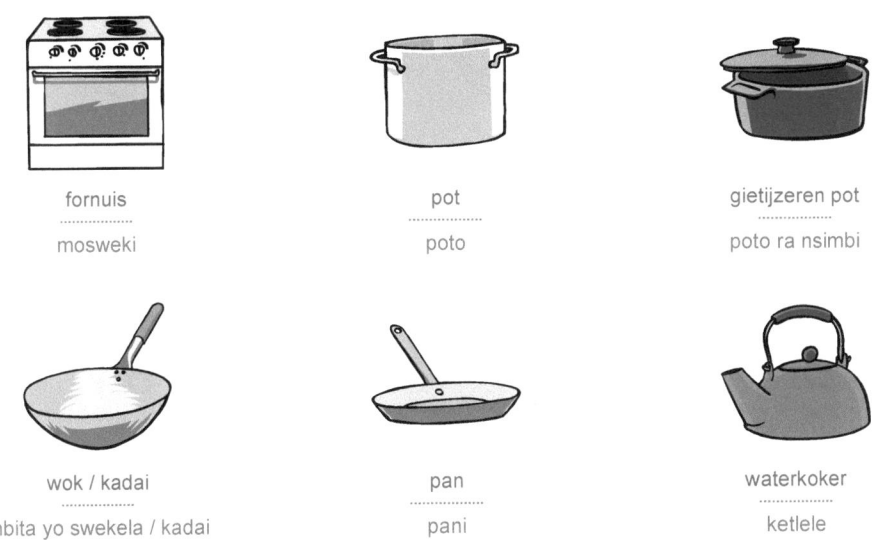

fornuis

mosweki

pot

poto

gietijzeren pot

poto ra nsimbi

wok / kadai

mbita yo swekela / kadai

pan

pani

waterkoker

ketlele

stoomkoker

xo sweka hi nkahelo

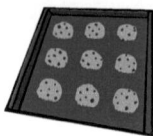

bakplaat

thireyi ya ku baka

servies

swibya

mok

xikomichana

kom

ximbitana

eetstokjes

ti-chopstick

pollepel

xipunu

spatel

spatula

garde

muchini wo hlanganisa

vergiet

sefo

zeef

xisefo

rasp

xilo xo tsemelela

mortier

xibye

barbecue

nyama yo oshiwa

haardvuur

ndzilo

snijplank

bodo ya ku tsemelela

deegrol

mhandzi yo andlala fulawa

kurkentrekker

xo pfula mabodlhela

blik

thini

blikopener

xo pfula mathini

pannenlap

xo khoma poto

gootsteen

zinki

borstel

buracha

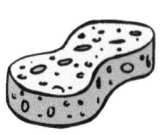

spons

xiponci

blender

xilo lexi hlanganiselaka

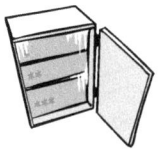

vriezer

xigwitsirisi

papfles

bodlhela ra n'wana

kraan

pompi

badkamer

kamara yo hlambela

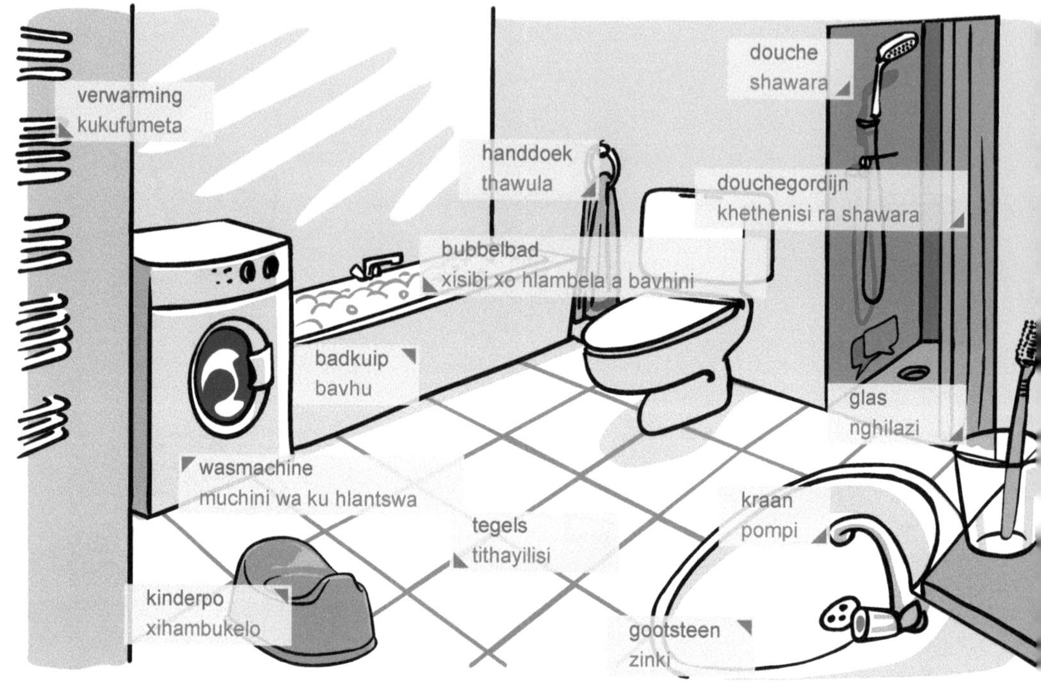
verwarming
kukufumeta
handdoek
thawula
douche
shawara
douchegordijn
khethenisi ra shawara
bubbelbad
xisibi xo hlambela a bavhini
badkuip
bavhu
glas
nghilazi
wasmachine
muchini wa ku hlantswa
kraan
pompi
tegels
tithayilisi
kinderpo
xihambukelo
gootsteen
zinki

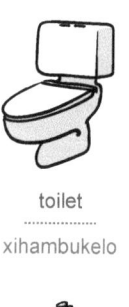

toilet

xihambukelo

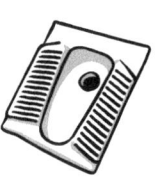

hurktoilet

xihambukelo

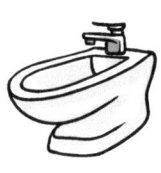

bidet

bidet

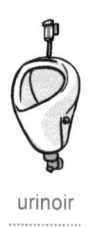

urinoir

ndhawu yo tsakamisela

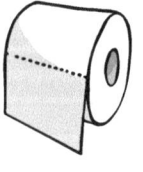

toiletpapier

papila ra xihambukelo

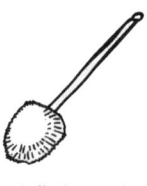

toiletborstel

burachi bya xihambukelo

tandenborstel

burachi bya meno

tandpasta

xisibi xa meno

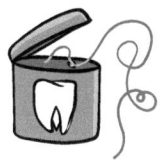

flosdraad

xo basisa exikarhi ka meno

wassen

hlamba

handdouche

xawara yo khomiwa hivoko

bidethanddouche

douche

waskom

xihlambelo

rugborstel

buracha ra nhlana

zeep

xisibi

douchegel

xisibi xa xawara

shampoo

shampoo

washandje

swilapana

afvoer

xinambyana

crème

rivomba

deodorant

xinhuherisi

spiegel

xivoni

handspiegel

xivoni xo khomiwa hivoko

scheermes

rikarhi

scheerschuim

xisibi so susa malevu

aftershave

mafurha ya kutola loku u
heta ku tsemeta malevu

kam

kama

borstel

buracha

haardroger

muchini wo omisa mosisi

haarlak

mafurha yo tola mosisi

make-up

xo tisasekisa

lippenstift

xotota nomo

nagellak

xo tota minwala

watten

kotoni

nagelknipper

xo tsema minwala

parfum

xinhuherisi

toilettas

nkwama wa le xihambukelweni

kruk

nchuluko

weegschaal

xikalo

badjas

nguvu yo hlamba

latex handschoenen

tiglovhu ta raba

tampon

tampon

maandverband

thawula ra ku basisa

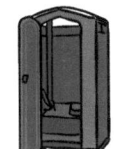

chemisch toilet

xihambukelo xa le handle

kinderkamer

kamana ya vana

wekker
alamu ya wachi
knuffel
xo tlanga sa ku etlela
speelgoedauto
movha ya ku tlangisa
rammelaar
xokocokoco
poppenhuis
yindlu ya swipopana
geschenk
nyiko

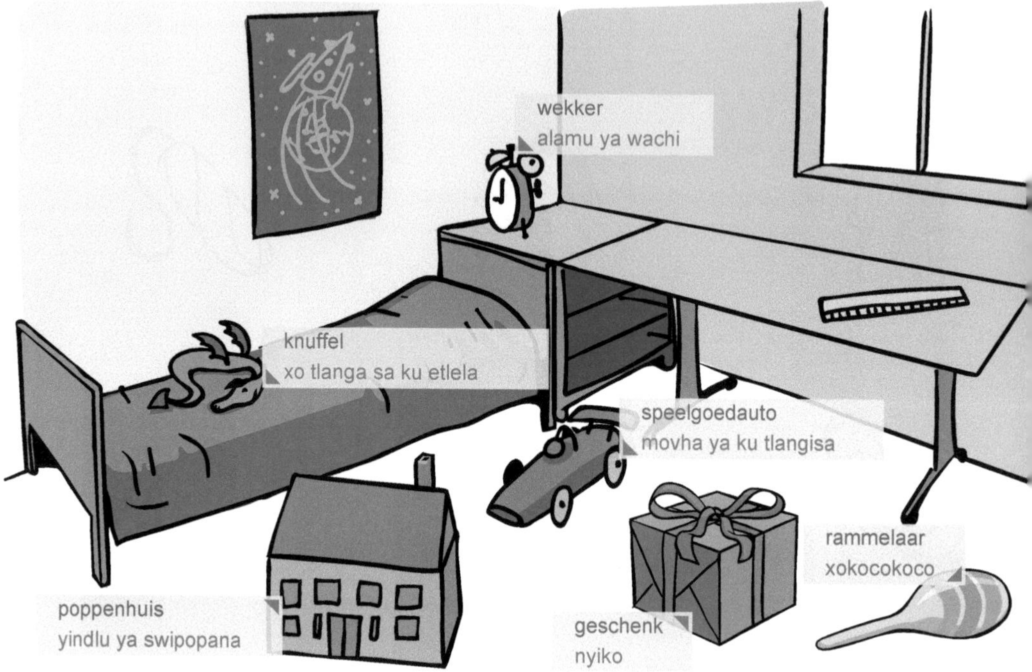

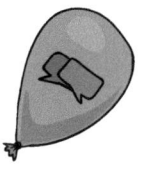

ballon

baluni

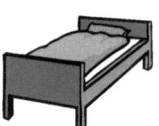

bed

mubedo

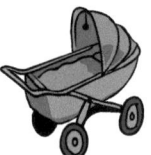

kinderwagen

pureme

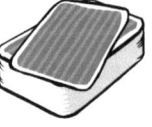

spel kaarten

makhadi

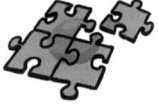

puzzel

jigsaw

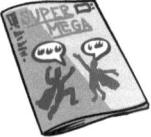

stripboek

khomiki

legoblokjes

switina swa lego

blokken

swiaki

actiefiguur

xo tlanga xa vana

kruippakje

swiambalo swa nwana

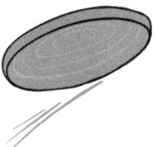

frisbee

Frisbee

mobiel

mobile

bordspel

ntlango wa le bodweni

dobbelsteen

dayisi

modelspoorweg

xitimela xo tlanga

fopspeen

xo tlangisa vana

feest

nkhuvo

prentenboek

buku ya swifaniso

bal

bolo

pop

xipopana

spelen

tlanga

zandbak

khele ra sava

schommel

muchinginya

speelgoed

swilo swo tlangisa

spelconsole

mintlango ya vhidiyo

driewieler

xithuthuthu xa mivhilwa manharhu

knuffelbeer

tibere to tlangisa

kleerkast

wadirobo

kleding

swiambalo

sokken

masokisi

kousen

masokisi

maillot

buruku byo tlimba

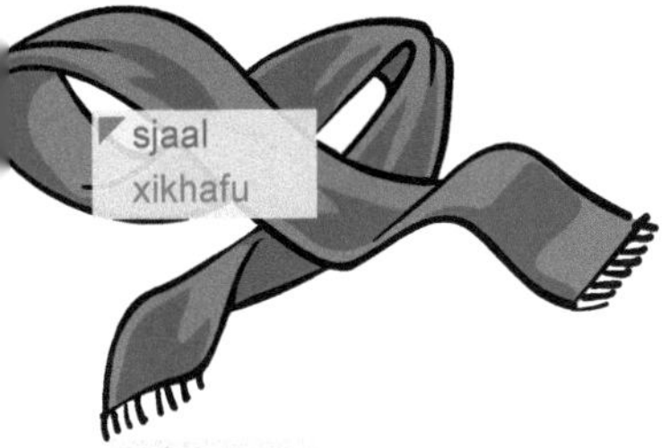

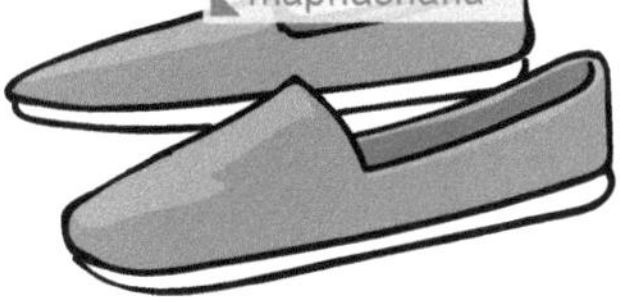

sjaal
xikhafu

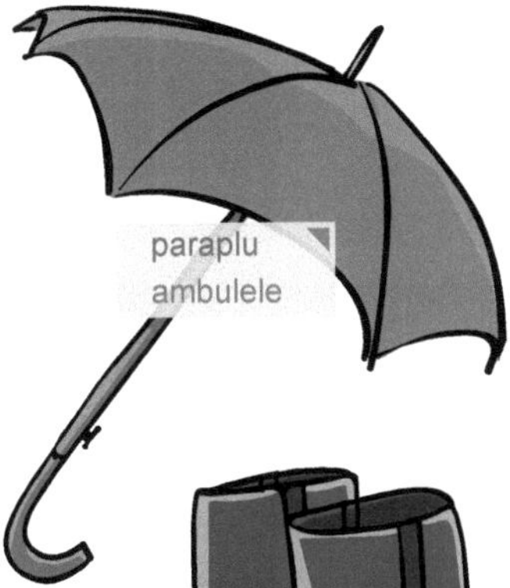

paraplu
ambulele

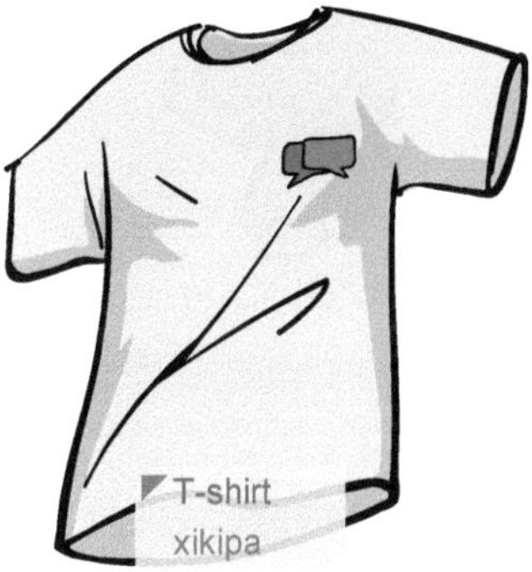

T-shirt
xikipa

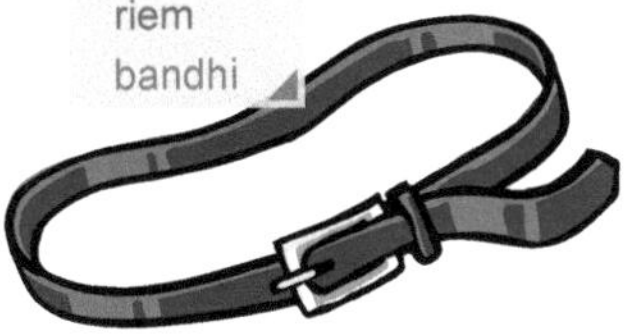

riem
bandhi

laarzen
tintangu

slippers
maphashana

sneakers
tintangu to tsutsuma

sandalen
....
maphashana

schoenen
....
tintangu

rubberlaarzen
....
majombo ya raba

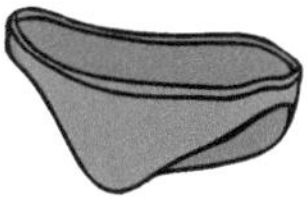

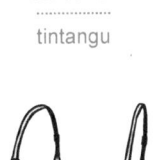

onderbroek
....
maburuko ya le ndzeni

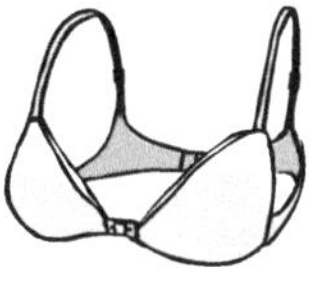

beha
....
bodi

onderhemd
....
xikipa xa le ndzeni

lichaam

miri

broek

maburuko

jeans

bokati

rok

xiketi

blouse

bulawusi

hemd

hembe

trui

jesi

capuchontrui

jazi ro fingeneta nhloko

blazer

buleyizara

jas

baji

jas

nghuvo

regenjas

jazi rampfula

kostuum

swiambalo

jurk

swiambalo

trouwjurk

rhoko ya mucato

pak

sudu

nachthemd

xiambalo xo etlela

pyjama

swi ambalo swo etlela

sari

sari

hoofddoek

xikhafu

tulband

duku

boerka

burqa

kaftan

swi ambalo

abaya

abaya

badpak

swiambalo swo hlambela

zwembroek

maburuko ya le ndzeni

short

buruku ro koma

trainingspak

tracksuit

schort

fasikoti

handschoenen

maglilavhu

knoop

kunupu

bril

manghilazi ya mahlo

armband

sindza

ketting

vuhlalu

ring

xingwaxila

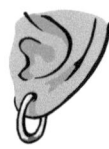

oorbel

vo sasekisa tindleve

pet

kepisi

kapstok

hangara ya nghuvo

hoed

xigqoko

das

thayi

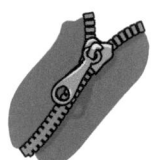

rits

zipi

helm

xihuku

bretellen

minxongotelo

schooluniform

swiambalo swa xikolo

uniform

yunifomo

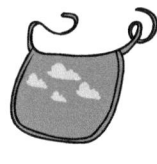

slabbetje

bibi

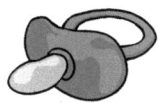

fopspeen

xo tlangisa vana

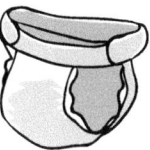

luier

leyiri

kantoor
hofisi

server
server
dossierkast
khabodo yo beka tifayili
printer
muchini wa ku kandziyisa
monitor
xikirini
papier
papila
muis
mouse
bureau
tafola
map
xilo xo veka swiphephana
toestenbord
keyboard
stoel
xitulo
papiermand
xikotela xo lahla maphepha
computer
khompyuta

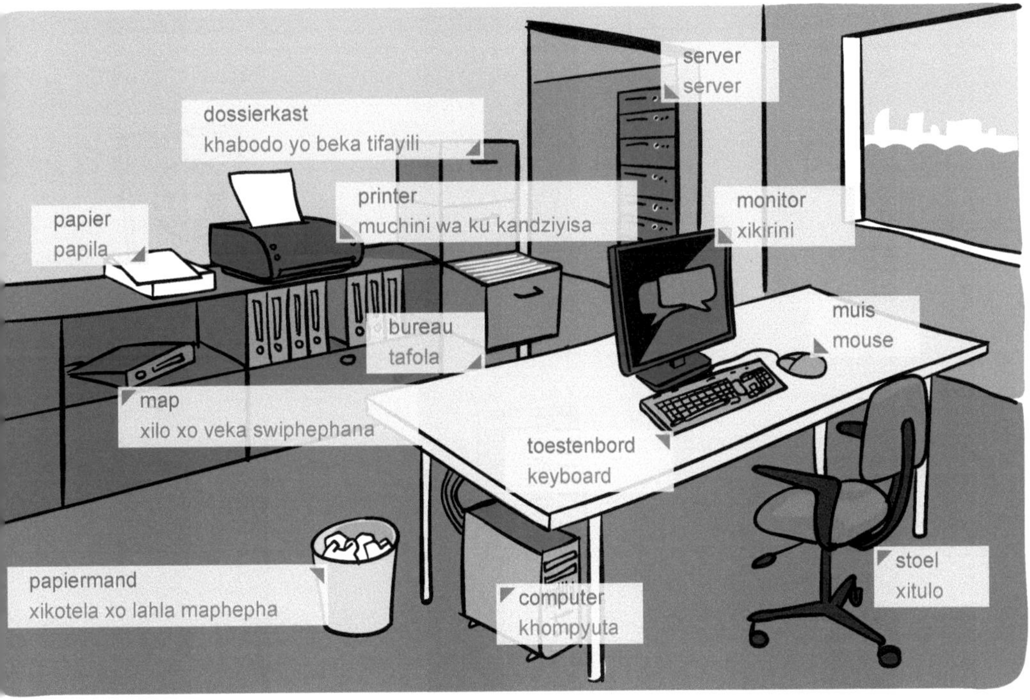

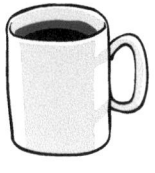

koffiemok

bikiri ra kofi

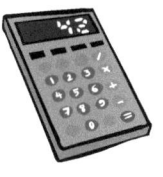

rekenmachine

muchini wo hlaya

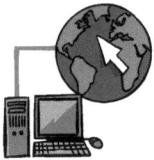

internet

internet

laptop
laptop

brief
papila

bericht
rungula

gsm
foni

netwerk
network

kopieerapparaat
muchini wo endla tikopi

software
progreme ya khompyuta

telefoon
riqingho

stopcontact
pulagi ya gezi

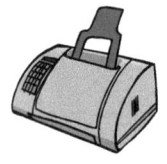

fax
muchini wo rhumela rungula

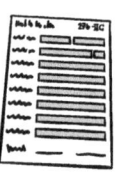

formulier
fomo

document
papila

kopen
xava

betalen
hakela

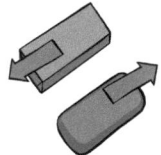

handelen
xavisa

geld
mali

USD

dollar
dolara

EUR

euro
euro

JPY

yen
yen

RUB

roebel
rouble

CHF

Zwitserse frank
Swiss franc

CNY

Chinese renminbi
renminb yuan

INR

roepie
rupee

geldautomaat
muchini wa mali

wisselkantoor

ndhawu yo cinca mali

goud

nsuku

zilver

silivhere

olie

mafurha

energie

matimba

prijs

hakelo

contract

ntwanano

belasting

xibalo

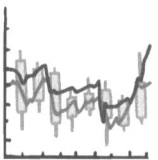

aandeel

nundzu ya timali

werken

tirha

werknemer

mutirhi

werkgever

mothorhi

fabriek

fektri

winkel

xitolo

beroepen
mintirho

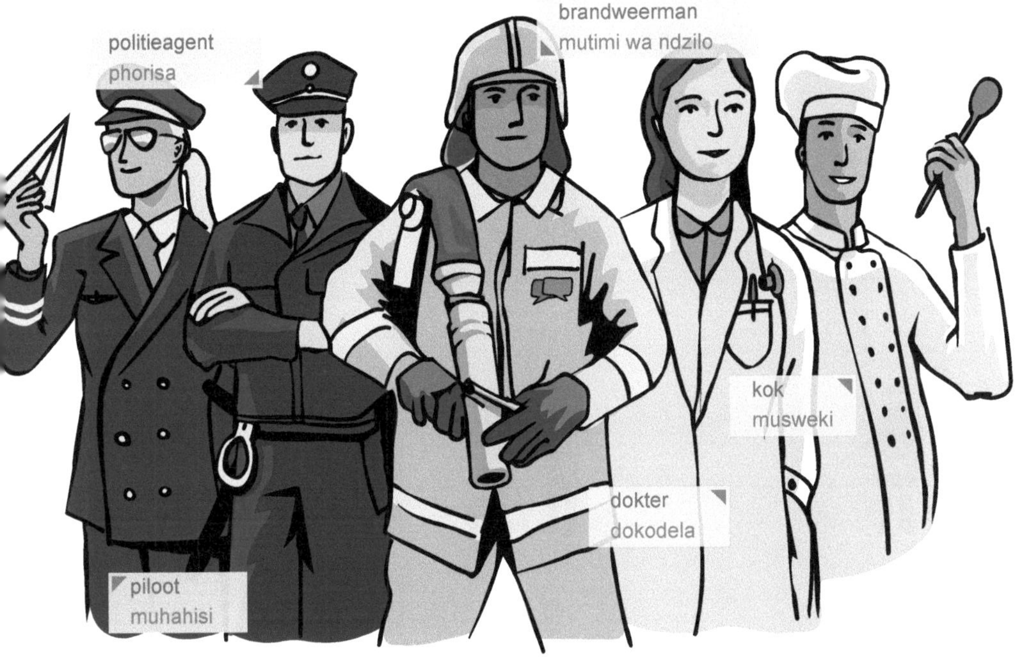

politieagent
phorisa
brandweerman
mutimi wa ndzilo
kok
musweki
dokter
dokodela
piloot
muhahisi

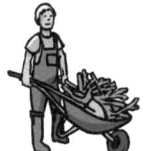

tuinman

muhlayi wa ntanga

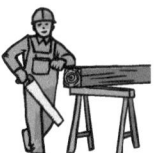

timmerman

muvatli

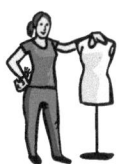

naaister

murungi

rechter

muavanyisi

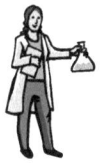

chemicus

xitshunguri

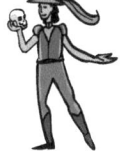

acteur

mutlangi

buschauffeur

muchaeri wa tibazi

taxichauffeur

muchayeri wa thekisi

visser

muphasi wa tinhlampfi

schoonmaakster

wansati wa ku basisa

dakdekker

mufuleri

ober

muphameri

jager

muhloti

schilder

mupendi

bakker

mubaki

elektricien

mutivi wagezi

bouwvakker

muaki

ingenieur

munjiniyara

slager

muxavisi wa nyama

loodgieter

muplambara

postbode

muheleketi wa poso

soldaat

socha

architect

mumpfampfarhuti

kassier

muamukeli wa timali

bloemist

muxavisi wa swiluva

kapper

mululamisi wa misisi

conducteur

mufambisi

mecanicien

munhu wo lungisa timovha

kapitein

mulawuri

tandarts

dokotela wa matinho

wetenschapper

mutivi wa sayensi

rabbijn

mufundisi

imam

murhangeri

monnik

nghwendza

geestelijke

mfundisi

werktuigen
switirhisiwa

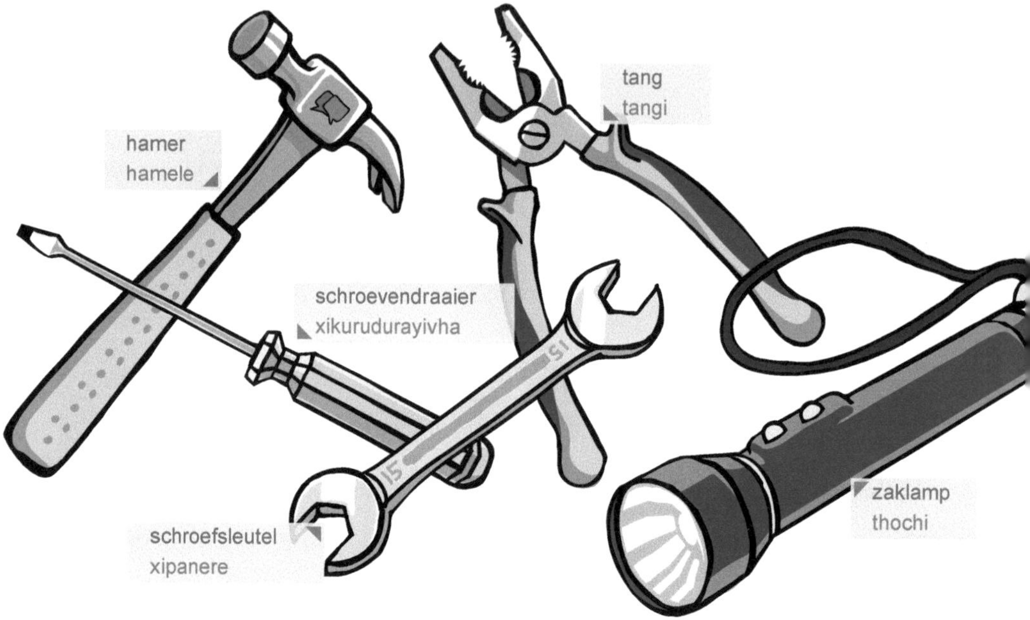

hamer
hamele
tang
tangi
schroevendraaier
xikurudurayivha
schroefsleutel
xipanere
zaklamp
thochi

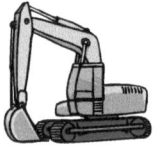

graafmachine
muchini wo cela

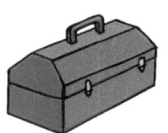

gereedschapskoffer
bokisi ra switirhisiwa

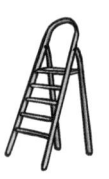

ladder
xitepisi

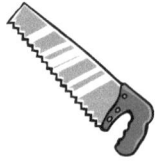

zaag
saha

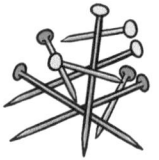

spijkers
swipikiri

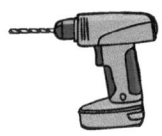

boormachine
muchini wo boxa

repareren

lunghisa

schop

foxolo

Verdomme!

Thyaka!

blik

nchumu wo susa ritshuri

verfpot

mbita ya pende

schroeven

bawuti

muziekinstrumenten
swichayachayana

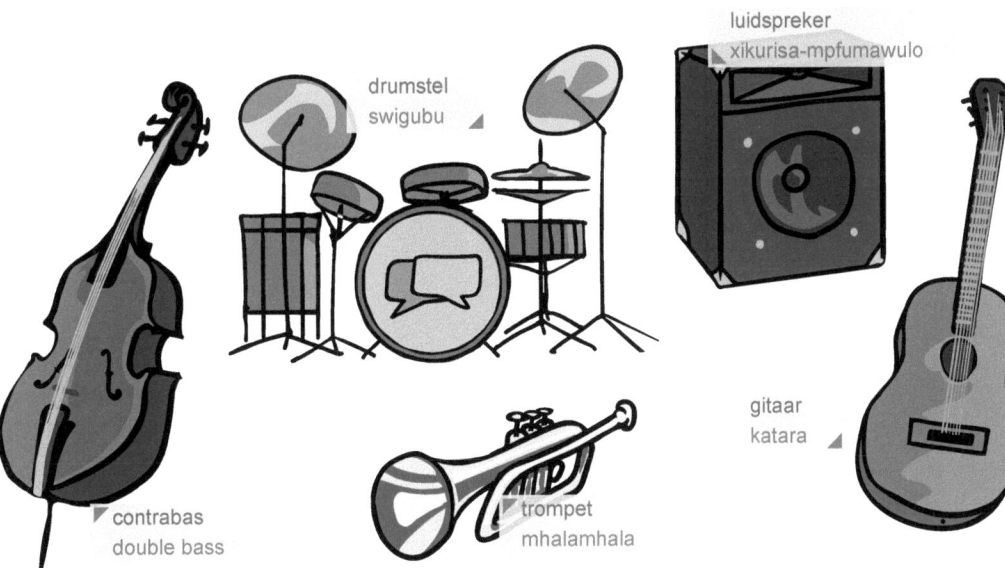

luidspreker
xikurisa-mpfumawulo

drumstel
swigubu

gitaar
katara

contrabas
double bass

trompet
mhalamhala

piano

piyano

viool

violin

basgitaar

bass

pauk

timpani

trommels

xigubu

keyboard

keyboard

saxofoon

saxophone

fluit

xitiringo

microfoon

xikurisa-marito

ZOO
ntanga wa swiharhi

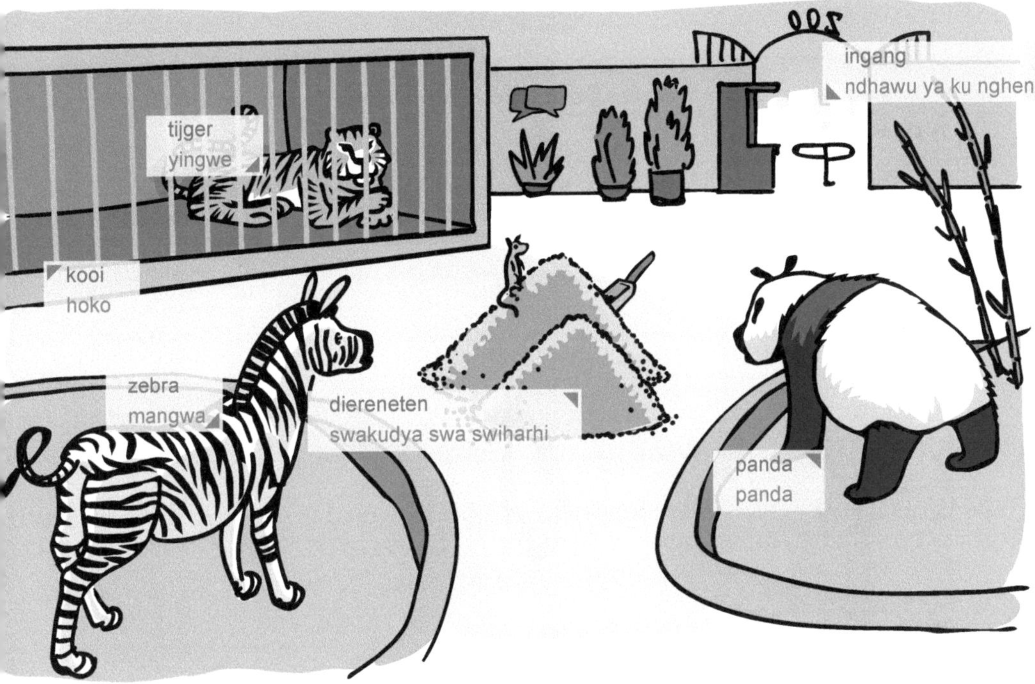

ingang
ndhawu ya ku nghen
tijger
yingwe
kooi
hoko
zebra
mangwa
diereneten
swakudya swa swiharhi
panda
panda

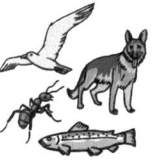

dieren
swiharhi

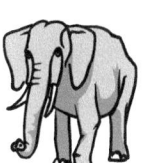

olifant
ndlopfu

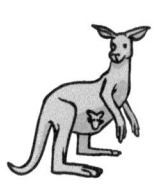

kangoeroe
xinjhenghwe

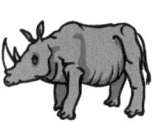

neushoorn
mhelembe

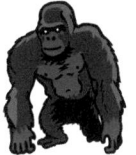

gorilla
gorila

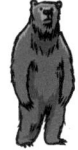

beer
bere

kameel

kamela

struisvogel

yintsha

leeuw

nghala

aap

nkawu

flamingo

flamingo

papegaai

hokwe

ijsbeer

bere

pinguïn

penguin

haai

shaka

pauw

hanti

slang

nyoka

krokodil

ngwenya

dierenverzorger

muhlayisi wa mintanga ya swiharhi

zeehond

seal

jaguar

jaguar

zoo - ntanga wa swiharhi

pony
hanci

luipaard
yingwe

nijlpaard
mpfuvu

giraffe
nhutlwa

adelaar
gama

wild zwijn
ngluve ya nhova

vis
hlampfi

zeeschildpad
mfutsu

walrus
nyimpfu ya le lwandle

vos
mhungubye

gazelle
mhala

rugby
bolo ya le Amerika

wielrennen
kufamba hi xi kanyakanya

tennis
tennis

basketbal
basketball

zwemmen
kuhlambela

ijshockey
khororo ya le ayísini

boksen
ntlango wa ku bana

voetbal
bolo

badminton
badminton

atletiek
mintlango

handbal
bolo ya mavoko

skiën
kureta e gambokweni

polo
polo

activiteiten
mintirho

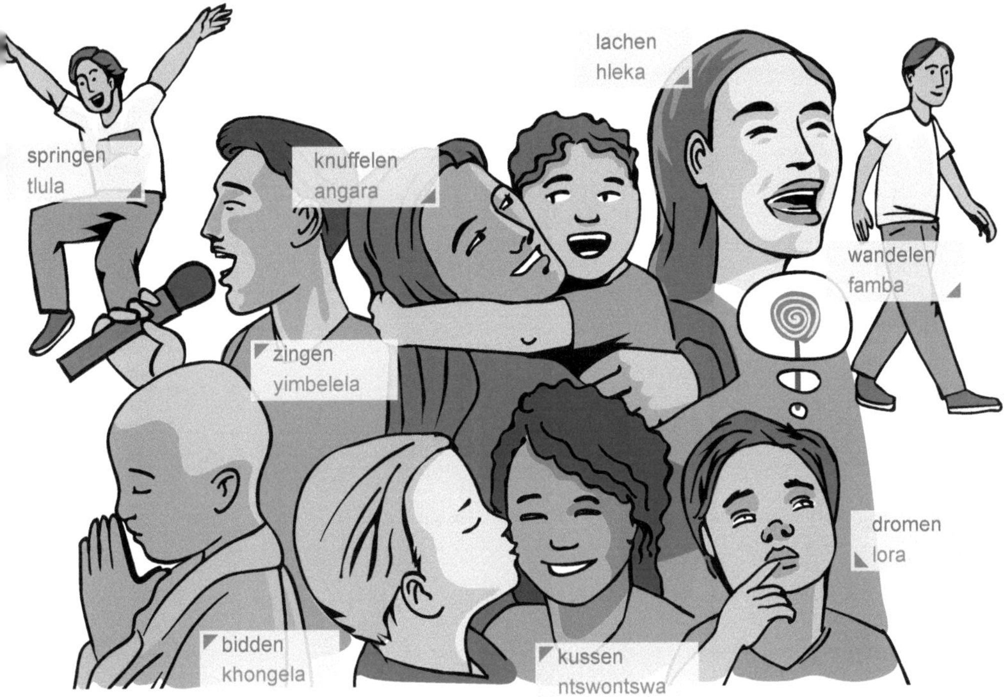
lachen
hleka
springen
tlula
knuffelen
angara
wandelen
famba
zingen
yimbelela
dromen
lora
bidden
khongela
kussen
ntswontswa

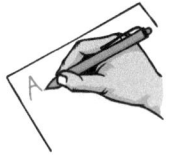

schrijven
tsala

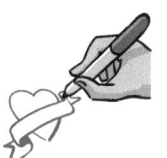

tekenen
dirowa

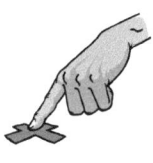

tonen
komba

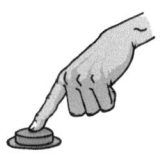

duwen
dlidlimeta

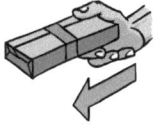

geven
nyika

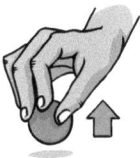

nemen
teka

hebben

yi va

doen

endla

zijn

ku va

staan

yima

lopen

tsutsuma

trekken

koka

gooien

lahlela

vallen

wana

liggen

hemba

wachten

rindza

dragen

rhwala

zitten

tshama

aankleden

ambala

slapen

tlela

ontwaken

pfuka

kijken naar

languta

wenen

rila

aaien

bana

kammen

kama

praten

vulavula

begrijpen

twisisa

vragen

vutisa

luisteren

yingisa

drinken

nwana

eten

dyana

opruimen

basisa

houden van

randza

koken

sweka

rijden

chayela

vliegen

haha

zeilen

tluta

rekenen

hlaya

Lezen

hlaya

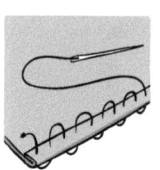

leren

hlaya

werken

tirha

trouwen

teka

naaien

rhunga

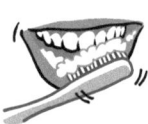

tandenpoetsen

kuhlamba meno

doden

dlaya

roken

dzaha

sturen

rhumela

familie
ndyanghu

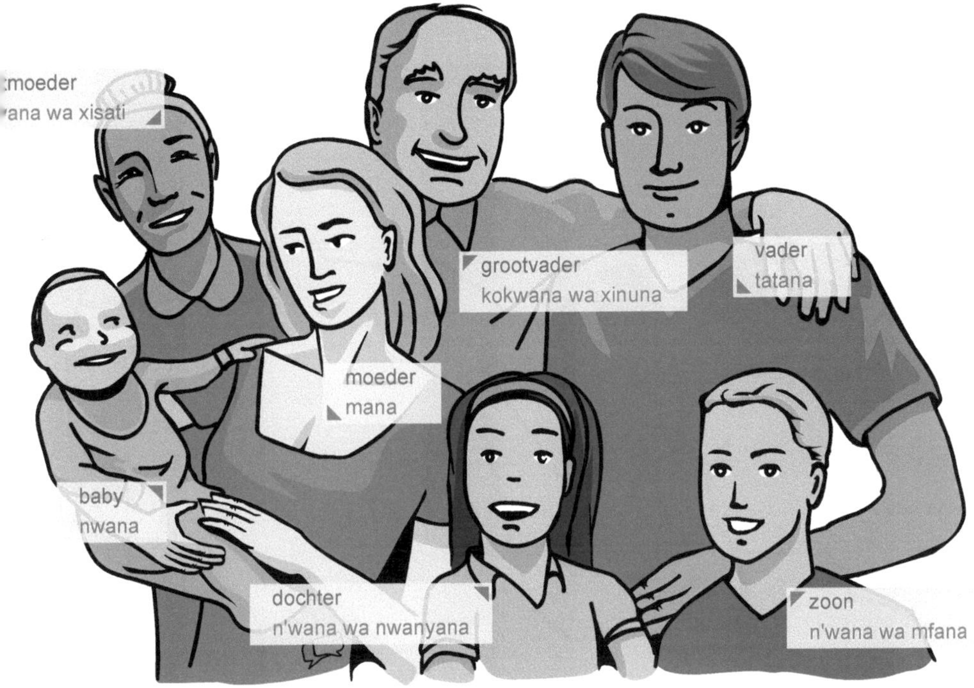
moeder
ana wa xisati
grootvader
kokwana wa xinuna
vader
tatana
moeder
mana
baby
nwana
dochter
n'wana wa nwanyana
zoon
n'wana wa mfana

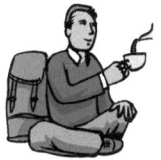

gast
muendzi

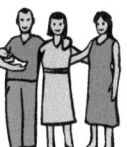

tante
hahani

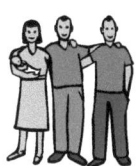

oom
malume

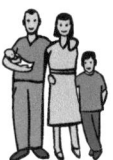

broer
makwerhu

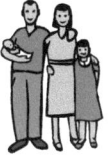

zus
makwrhu

lichaam

miri

voorhoofd
mombo
oog
tihlo
schouder
katla
vinger
ritiho
gezicht
xikandza
kin
xilebvu
hand
voko
borst
bele
been
nenge
arm
voko

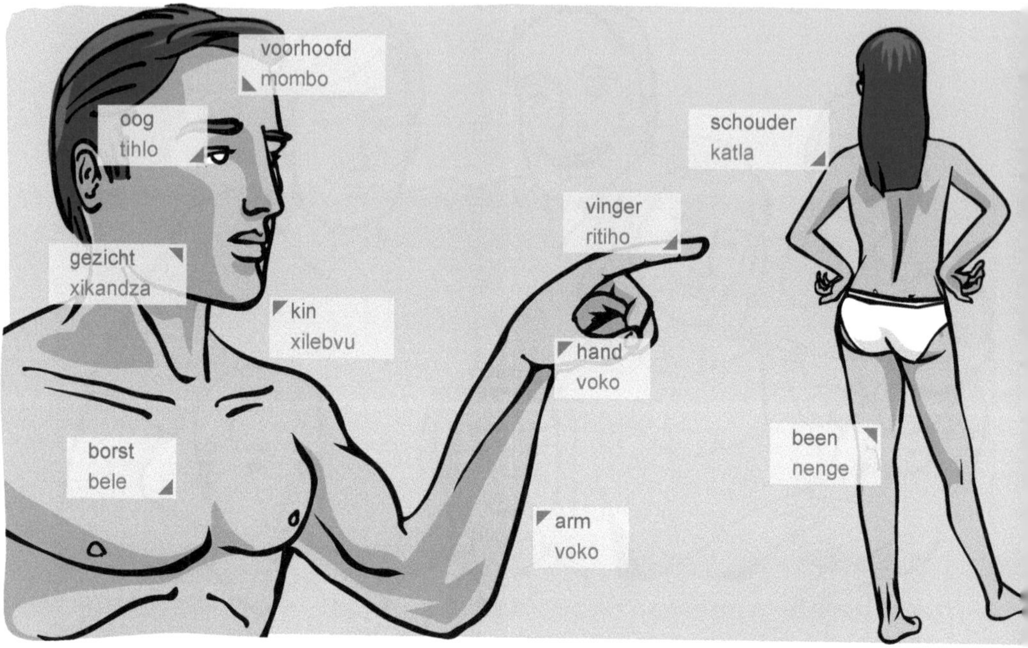

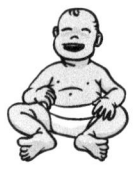

baby
nwana

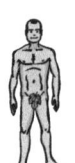

man
n'wanuna

vrouw
nw'ansati

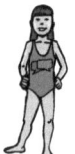

meisje
nhwanyana

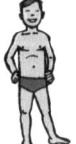

jongen
mfana

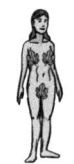

hoofd
nhloko

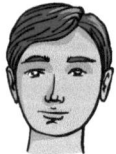

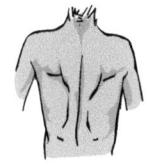

rug
nhlana

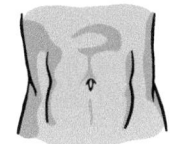

buik
khwiri

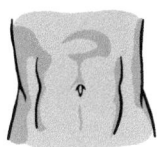

navel
nkava

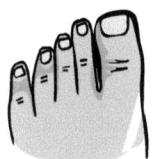

teen
xikunwani

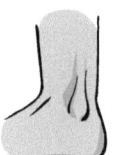

hiel
xirhenze

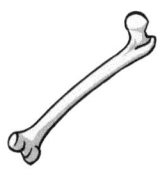

bot
rhambu

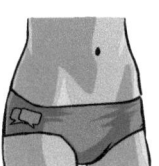

heup
nyonga

knie
tsolo

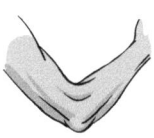

elleboog
xikokola

neus
nompfu

zitvlak
xisuti

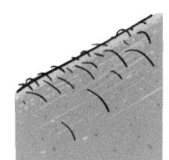

huid
nhlonge

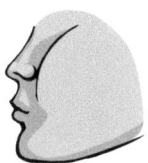

wang
rhama

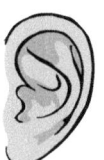

oor
ndlebe

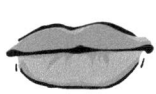

lip
nomu

mond

nomu

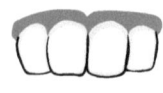

tand

tinyo

tong

ririmi

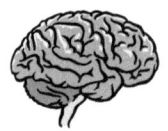

hersenen

byongo

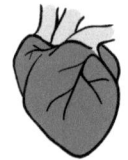

hart

mbilu

spier

nsiha

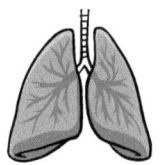

long

hahu

lever

vixindzi

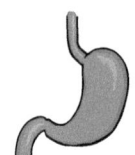

maag

khwiri

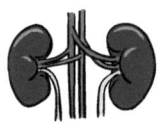

nieren

tinso

seks

masangu

condoom

khondomu

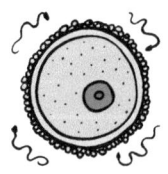

eicel

tandza

sperma

mbewu ya vununa

zwangerschap

nyimba

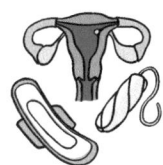

menstruatie

kuya enkarhini

vagina

muhocho

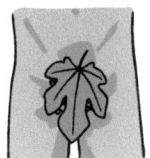

penis

xiluma

wenkbrauw

tinxiyi

haar

misisi

nek

nhamu

ziekenhuis
xibedlhele

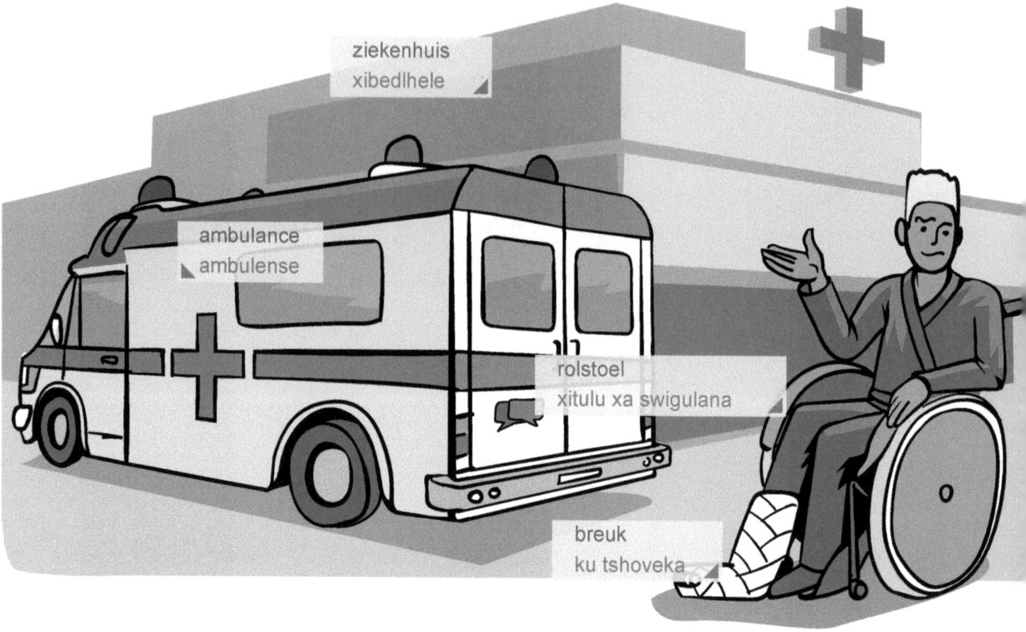

ziekenhuis
xibedlhele
ambulance
ambulense
rolstoel
xitulu xa swigulana
breuk
ku tshoveka

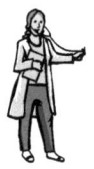

dokter

dokodela

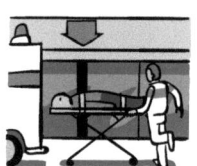

spoed

kamara ra xilamulela-mhango

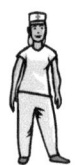

verpleegkundige

muongori

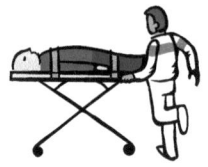

noodgeval

xihatla

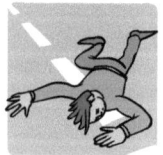

bewusteloos

ku titivala

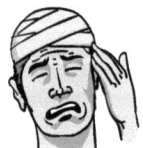

pijn

kuvava

verwonding

ku vaviseka

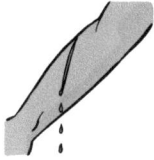

bloeding

mpfempfa ngati

hartaanval

ku hlaseriwa himbilu

beroerte

ku oma swirho

allergie

rinyenyo

hoest

khohlola

koorts

xifumbu

griep

mukhuhlwana

diarree

nchuluko

hoofdpijn

ku pandza ka nhloko

kanker

khensa

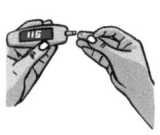

diabetes

chukela

chirurg

dokodela

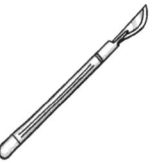

scalpel

mukwana

operatie

vuhandzuri

CT

CT

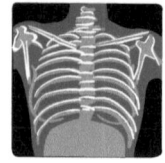

röntgenstraal

x-rheyi

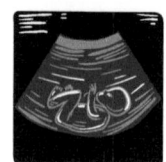

ultrageluid

muchini wo yingisela
ntshuka-ntshuko

gezichtsmasker

xo tipfala tinhomfu

ziekte

vuvabyi

wachtkamer

kamara ro rindza

kruk

nhonga

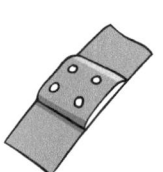

pleister

semendhe

verband

bandhichi

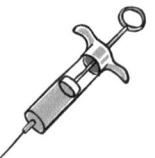

injectie

neleta

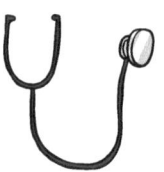

stethoscoop

muchini wa madokodela wa
ku yingisa

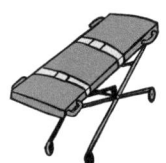

brancard

rihlaka

thermometer

xipima-mahiselo

geboorte

ku veleka

overgewicht

ku nyuhela

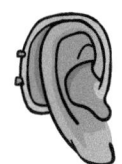

hoorapparaat

swipfuneta-ku-twa

ontsmettingsmiddel

khemikhale yo dlaya
switsongwatsongwana

infectie

switsongwatsongwana

virus

xitsongwatsongwana

HIV / AIDS

HIV / AIDS

medicijn

miri

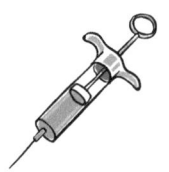

vaccinatie

nayiti

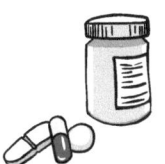

tabletten

maphilisi

pil

pilisi

noodoproep

riqingho ra xihatla

bloeddrukmeter

muchini wo kamba
nsusumeto wa ngati

ziek / gezond

vabya / hanya

Help!

Pfunani!

alarm

bele

overval

ku hlaseriwa

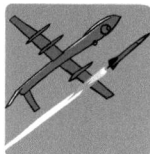

aanval

hlasela

gevaar

khombo

nooduitgang

nyangwa wo huma loko ku
ri ni mhango

Brand!

Ndzilo!

brandblusser

xo tima ndzilo

ongeval

mhangu

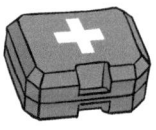

EHBO-kit

bokisi ra xilamulela-mhango

SOS

SOS

politie

phorisa

Europa

Yuropa

Noord-Amerika

Amerika N'walungu

Zuid-Amerika

Amerika Dzonga

Afrika

Afrika

Azië

Asia

Australië

Australia

Atlantische Oceaan

Atlantic

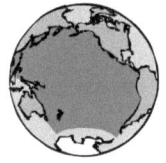

Stille Oceaan

Pacific

Indische Oceaan

Lwandle-nkulu ra Indiya

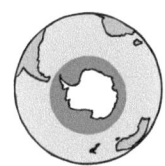

Antarctische Oceaan

Lwandle-nkulu ra Antarctic

Arctische Oceaan

Lwandle-nkulu ra Arctic

Noordpool

North Pole

Zuidpool

South Pole

Antarctica

Antarctica

aarde

Misava

land

tiko

zee

lwandle

eiland

xihlala

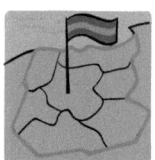

natie

rixaka

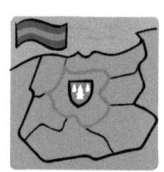

staat

tiko

wijzerplaat

xikomba nkarhi

uurwijzer

xikomba-tiawara

minuutwijzer

xikomba-timineti

secondewijzer

xikomba-tisekoni

Hoe laat is het?

I nkarhi muni?

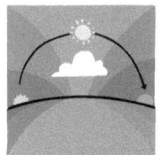

dag

siku

tijd

nkarhi

nu

sweswi

digitale horloge

wachi leyi tshavatelaka

minuut

minete

uur

awara

maandag
Musumbhunuko

woensdag
Ravunharhu

vrijdag
Ravuntlhanu

dinsdag
Ravumbirhi

zaterdag
Mugimeto

donderdag
Ravumunhe

zondag
Nsoto

gisteren
tolo

vandaag
namuntlha

morgen
mundzuku

ochtend
mixo

middag
nhlekani

avond
madyambu

werkdagen
masiku ya ntirho

weekend
mahelo vhiki

regen
mfpula

regenboog
nkwangulatilo

wind
moya

sneeuw
gamboko

lente
xumun'wana

zomer
ximumu

herfst
xixikana

winter
xixika

4.APRIL	11°	☀
5.APRIL	4°	⛆
6.APRIL	13°	⛆
7.APRIL	8°	☀
8.APRIL	10°	☀

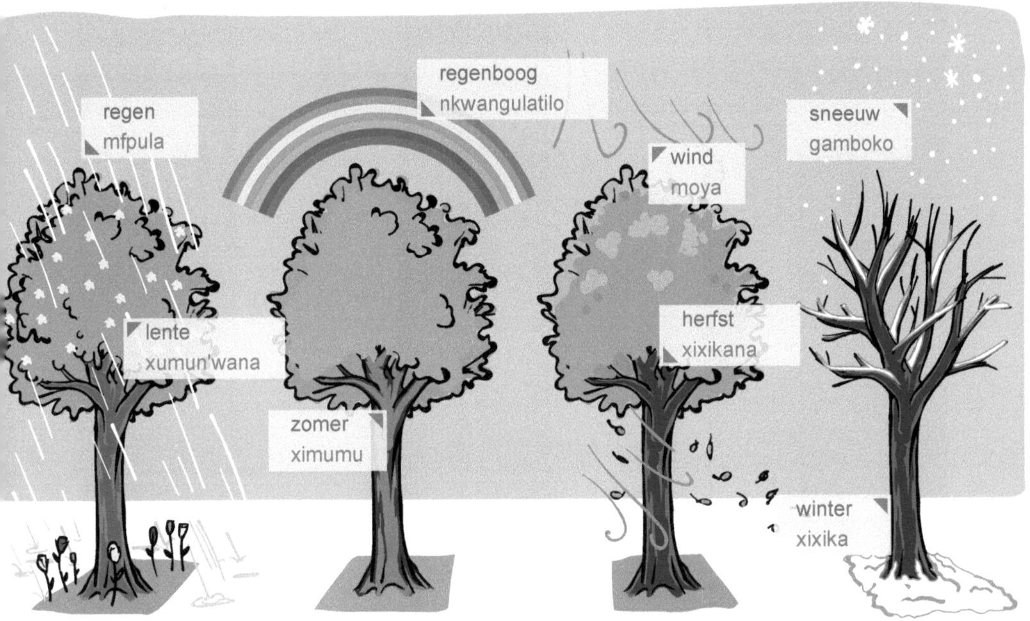

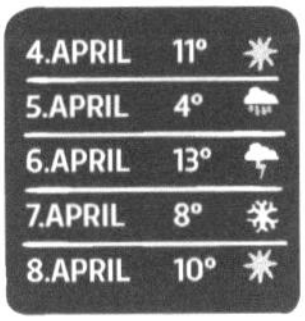

weervoorspelling
vumbha tamaxelo

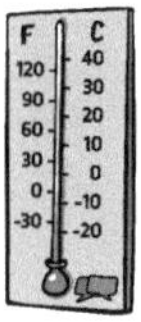

thermometer
xipima-mahiselo

zonneschijn
dyambu

wolk
papa

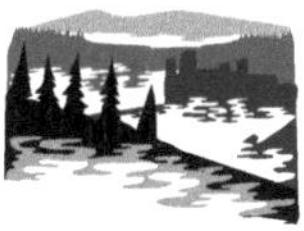

mist
hunguva

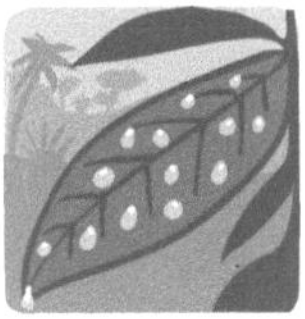

vochtigheid
kutsakama

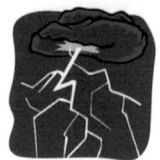

bliksem

rihati

donder

dzindza-tilo

storm

xidzedze

hagel

xihangu

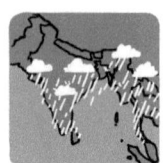

moesson

mpfula

overstroming

ndhambi

ijs

ayisi

januari

Sunguti

februari

Nyenyenyana

maart

Nyenyankulu

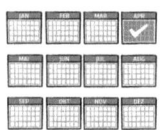

april

Dzivamusoko

mei

Mudyaxihi

juni

Khotavuxika

juli

Mawuwani

augustus

Mhawuri

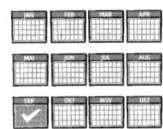

september
....
Ndzhati

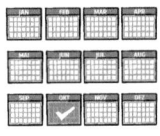

oktober
....
Nhlangula

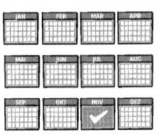

november
....
Hukuri

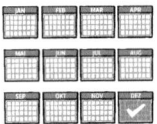

december
....
N'wendzamhala

vormen
swivumbeko

cirkel
....
xirendzevutana

kwadraat
....
xikwere

rechthoek
....
matlhelo ya mune

driehoek
....
xivunguvungu xa tintlha
tinharhu

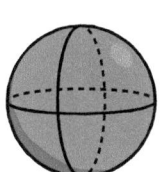

bol
....
bolo

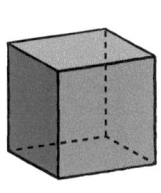

kubus
....
cube

wit

basa

geel

xitshopana

oranje

lamula

roze

tshwukanyana

rood

tshwuka

paars

xigunguvungu

blauw

wasi

groen

rihlaza

bruin

buraweni

grijs

mpunga

zwart

ntima

veel / weinig

swo tala / swi tsongo

boos / kalm

hlundzukile / rhurile

mooi / lelijk

sasekile / bihile

begin / einde

masungulo / makumo

groot / klein

kulu / tsongo

licht / donker

vangama / munyama

broer / zus

buti / sesi

proper / vuil

basile / chakile

volledig / onvolledig

helerile / helelangiki

dag / nacht

siku / vusiku

dood / levend

file / hanyaka

breed / smal

pfulekile / pfalekile

eetbaar / oneetbaar

swa dyiwa / a swi dyiwi

kwaadaardig / vriendelijk

homboloka / lunghile

opgewonden / verveeld

tsakile / phirekile

dik / dun

nyuhela / lala

eerst / laatst

masungulo / makumo

vriend / vijand

mungana / nala

vol / leeg

tele / hava

hard / zacht

tiyile / olova

zwaar / licht

tika / vevuka

honger / dorst

ndlala / torha

ziek / gezond

vabya / hanya

illegaal / legaal

swi ngariki enawini / enawini

intelligent / dom

tlharihile / xiphukuphuku

links / rechts

ximati / xinene

dichtbij / veraf

akusuhi / kule

nieuw / gebruikt

yintshwa / tirhisiwile

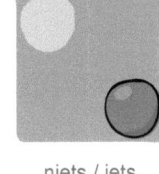

niets / iets

hava / xin'wana

oud / jong

dyuharile / muntshwa

aan / uit

xarirha / xitimile

open / dicht

pfurile / pfariwile

stil / luid

myerile / huwa

rijk / arm

fuwile / xisiwana

juist / fout

swinene / bihile

ruw / glad

khwasha / reta

droevig / blij

vaviseka / tsaka

kort / lang

koma / leha

traag / snel

hlwela / hatlisa

nat / droog

tsakama / oma

warm / koud

kufumela / titimela

oorlog / vrede

nyimpi / kurhula

0	**1**	**2**
nul	één	twee
noto	n'we	mbirhi

3	**4**	**5**
drie	vier	vijf
nharhu	mune	ntlhanu

6	**7**	**8**
zes	zeven	acht
ntsevu	nkombo	nhungu

9	**10**	**11**
negen	tien	elf
nkaye	khume	khume n'we

12

twaalf

khume mbirhi

13

dertien

khume nharhu

14

veertien

khume mune

15

vijftien

khume ntlhanu

16

zestien

khume ntsevu

17

zeventien

khumbe nkombo

18

achtien

khume nhungu

19

negentien

khume nkaye

20

twintig

makhume mambirhi

100

honderd

dzana

1.000

duizend

gidi

1.000.000

miljoen

gidi ya magidi

tindzimi

Engels
....
Xinghezi

Amerikaans Engels
....
Xinghezi xa Amerika

Chinees (Mandarijn)
....
Xichayina xa Mandarin

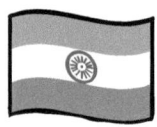

Hindi
....
Xihindi

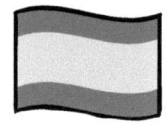

Spaans
....
Xipaniya

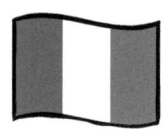

Frans
....
Xifurwa

Arabisch
....
Xiarabu

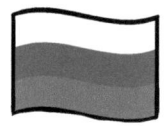

Russisch
....
Xirhaxiya

Portugees
....
Xiputukezi

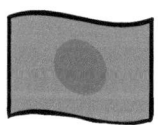

Bengali
....
Xibengali

Duits
....
Xijarimani

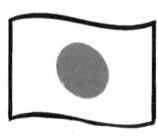

Japans
....
Xijapani

ik

mina

u

wena

hij / zij / het

yena / yena / xona

wij

hina

u

n'wina

ze

vona

wie?

mani?

wat?

yini?

hoe?

njhani?

waar?

kwihi?

wanneer?

rhini?

naam

vito

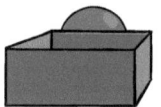

achter

endzaku

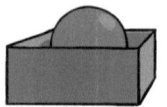

in

ahehla

voor

emahlweni a

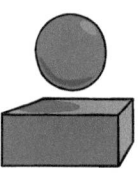

boven

ahenhla ka

op

eka

onder

ehansi

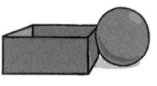

naast

handle ka

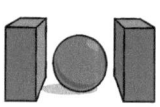

tussen

exikarhi ka

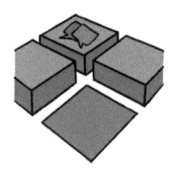

plaats

ndhawu